自分のための
ボランティア

居場所ありますか、
必要とされて生きていますか

三浦清一郎

学文社

まえがき――居場所ありますか、必要とされて生きていますか

日本人は戦後の短期間のうちに伝統的村落共同体の成員から自由な個人へ移行しました。共同体の成員は集団の「共益」のために一致して「労役」を提供し、成員の相互扶助の慣習を守って来ましたが、日本社会が依って立つ産業構造の転換と高度化によって共同体的な暮らしは不要になりました。そのためこれまで共同体が培ってきた価値観や慣習は、自由と自己都合を優先し始めた個人に対する干渉や束縛に転化してしまいました。日本人は共同体文化を拒否するようになったのです。

日本人は、共同体及び共同体文化が衰退し、都市化するのと平行して、多様な価値観と感性を優先し、自由に生きる個人に変身したのです。共同体を離れた個人は、それぞれが思い思いに自分流の人生を生きることができるようになりました。自分流の人生を主張した以上、当然、己の生き甲斐も他者との絆も自分の力で見つけなければならなくなりました。人間関係も日々のライフスタイルも「選択制」になったのです。新しい人間関係を選び取ることのできた人はともかく、「選べなかった人」、他者から「選ばれなかった人」は「無縁社会」の中に放り出されます。自身の「生き甲斐を見つけようとしなかった人」や、探しても「見つけることのできなかった人」は「生き甲斐喪失人生」の中に放り出されます。自由も自立も、選択的人間関係を意味し、選択的人生を意味します。日々の生き方

を自分が主体的に「選択する」ということは、必ず自己責任を伴い、しかも願い通りの選択を簡単に実現できるわけではありません。それゆえ、過渡期の日本人の中には自由の中で立ち往生する「さびしい日本人」が大量に発生したのです。本書がいう「さびしい日本人」とは、共同体を離れ、自由になった個人が、他者との新しい関わり方を見出せず、また、仕事にも仕事以外の活動にも十分な「やり甲斐」を見出せず、孤立や孤独の不安の中で「生き甲斐」を模索している状況を指します。その「さびしい日本人」が生き甲斐を模索する中で出会った新しい生き方の一つが、ボランティアでした。

ボランティアはもともと「自発性」や「善意」を表し、欧米文化においてはキリスト教と結合して聖書の言う「隣人愛」の実践として発展して来ました。欧米のボランティアは「神の教え」・「神との約束」を個人のよりどころとして出発しているのです。

これに対して、日本人のボランティアの多くは、信仰の実践ではなく、特別に神仏と約束した活動でもありません。日本人のボランティアは、個人の主体性と選択に基づく生き甲斐の探求と絆の形成を求める社会貢献活動に特色があります。日本にも「おたがいさま」や「おかげさま」のように他者支援の類似発想はありますが、個人を出発点とするボランティアは存在したことがありませんでした。ボランティアは外来文化に由来する発想であるためいまだに適切な訳語が定着せずカタカナのまま日本語化したのです。筆者はそれを「日本型ボランティア」と名づけました。

「日本型ボランティア」は、神への奉仕でもなく、他者への施しでもなく、日々の孤立や孤独の不安を回避し、「自分のため」の生き甲斐や他者との絆を模索する個人の社会貢献活動の総称です。このとき、「生き甲斐」の具体的内容は、活動への関心、活動の成果、活動の「機能快」、人々による「社会的承認」などで構成され、人生の「張り合い」を実感できる生き方の総称です。「日本型ボランティア」は「自分のため」の「生き甲斐」を模索する過程で発見した社会貢献の方法です。換言すれば、「さびしい日本人」は生き甲斐と絆を模索して試行錯誤した結果、ボランティアという社会貢献活動に辿り着き、人々のために働く「やさしい日本人」に進化したということです。それゆえ、「やさしい日本人」の「やさしさ」とは、共同体を離れた個人が、自由と主体性を駆使して「自分流」と「自己責任」の人生を生き始め、生き甲斐と絆を求めて選択的に行う社会貢献活動であるということができます。

しかし、日本型ボランティアが実践する「やさしさ」は、純粋な「他者への奉仕」とは異なります。また、従来の共同体に存在した相互扶助の「やさしさ」とも別種のものです。日本型ボランティアは明らかに「自分のため」の活動を主たる目的にしているからです。共同体の「やさしさ」は集団の共益保護のためのやさしさでした。日本型ボランティアの「やさしさ」は、ひとりひとりの人間が社会貢献の実践を通して「生き甲斐」と「絆」を求めたがゆえに生み出された「やさしさ」です。

日本型ボランティアを定着させることによって、結果的に、私たちは人間個人を出発点とした「やさしさ」を生み出しつつあるのです。それゆえ、日本人はかつての共同体に存在した集団的「やさしさ」に戻ったわけではありません。日本型ボランティアによって「やさしい日本人」が集団的に「再生」したのでもありません。「やさしい日本人」は、社会貢献活動を実践する個々人の人生に「新生」したのです。それゆえ、日本型ボランティアは、「新しい生き方」とか「もう一つの生き方」とか呼ばれているのだと思います。

高齢社会が到来して、ボランティアはますますその重要性を増しています。子育てや労働を終えた人々にとってボランティアは二度目の人生の、新しい生き方の選択肢となったのです。「自分のため」のボランティアを選択して、生きている限り社会の役割を果たそうとする姿勢が「生涯現役」の生き方です。「生涯現役」とは、労働からの引退後も、「社会を支える構成員」として社会貢献活動を継続し、人生の最後まで他者との連帯を求め続ける人々の総称です。「生涯現役」とは「自分のためのボランティア」の究極の形なのです。

目次

自分のためのボランティア——居場所ありますか、必要とされて生きていますか

Ⅰ 過渡期の日本人

過渡期の日本人とは、共同体の成員から自由な個人へ移行しつつある日本人を意味します。共同体の成員は、集団の「共益」のために一致して「労役」を提供し、成員の相互扶助の慣習を守って来ました。しかし、産業構造の転換と高度化によって共同体が不要になり、その慣習は成員に対する相互束縛に転化しました。日本人は、共同体及び共同体文化が衰退し、都市化するのと平行して、多様な価値観と感性を優先し、自由に生きる個人に変身したのです。

1 共同体の成員から自由な個人へ

(1) 自由な個人の模索

「さびしい日本人」がたくさんいます。「さびしい日本人」は共同体の成員から自由な個人となった過渡期の日本人の中に発生しました。その実態を細々と列挙することは日本人の悪口になるので気が進みませんが、「ゴミ屋敷」の住人から児童買春の逮捕者まで、子どものいじめからパワーハラスメントまで日本全国そこら中にいます。引き籠りもニートもモンスターペアレントでさえも、問題の根源は「自由」に対処できない「さびしい日本人」の孤立と孤独の副作用が高じたものだと思います。「さびしい日本人」の発生原因は主に二つあります。第一は共同体の衰退です。第二は、労働の単純化に伴うやり甲斐の喪失です。共同体の衰退によって多くの人々が人間関係の絆を失いました。また、労働の単純化によって多くの人が仕事に人生の意義を見出しにくくなりました。共同体から自立した人々は、一見自由で、自立しているように見えますが、実態は大いに異なります。人々の言う自由は孤立に近く、人間関係の自立は孤独な暮らしに重なっています。演歌は「人間砂漠」と表現し、社会学者は「孤独な群集」*と呼びました。「さびしさ」の原因は、精神と感情において生き甲斐を失い、他者との暖かい人間関係を形成できていないところからきています。「さびしさ」から脱出するためには、自分の力で他者と繋がり、新しい生き甲斐と絆を見つけなければなりません。現代の日本人は自由に自分流で生きているように見えますが、「何か」からの自由も「何か」への自由も儘ならず、主体的に自らの人生を判断して生きることは一筋縄でいくものではありません。自由と結果責任の重さに耐えかねて「自由からの逃走」**を試みることは社会心理学の古典的な研究成果であることどまらず、いまだ現代人が当面する「主体性」と「自己責任」の問題であり続けているのです。

＊D・リースマン、加藤秀俊訳『孤独な群衆』(David Riesman, *The Lonely Crowd*) みすず書房、一九六四年。
＊＊E・フロム、日高六郎訳『自由からの逃走』(Erich Fromm, *Escape from Freedom*) 創元社、一九五一年。ドイツ・ナ

チズムの研究をもとに、人は自分を含めた人間の幸福と成長を願う前向きな人生を生きようと努力するとき、幸福になれると指摘しました。しかし、手にした自由を自力で公益のために行使することは決して容易ではないとも主張したのです。

もちろん、人間は自己責任が重すぎるからといって、一度得た自由を捨てて昔の共同体に戻ることはありません。さびしいからといって昔の「みんな一緒」の慣習に戻ることもありません。一度自己裁量の自由を味わった個人は昔の束縛と干渉には二度と耐えられないのです。結果的に、現代の日本人は、自分流に生きることと引き換えに孤立と孤独の中に取り残されました。幸運な職業や新しい人間関係の中に生き甲斐を見つけることのできた少数の人を除いて、多くの人々は「孤独な群集」となり、自由と責任から逃避して自己の内に籠り「自己中」や「ミーイズム」を生み出したのです。

孤立と孤独を回避しようとする「さびしい日本人」がさまざまな試行錯誤の果てに辿り着いた一つの選択肢が異文化で生まれた「ボランティア」の発想です。その後市民活動の組織化を目的として成立したＮＰＯ法（特定非営利活動促進法、一九九八年制定）も「さびしい日本人」の活動意欲に対応した法整備ともいえます。「ボランティア」活動の定着と分岐点は一九九五年の阪神淡路大震災であったと多くの人が指摘し、阪神淡路大震災時の救援活動をボランティア元年と呼んでいます。活動者の動向を見ると、「元年」を機に、質的にも、量的にもめざましい変化が起こりました。一九九七年の福井県沖のナホトカ号の重油流出事故もその象徴的な現象として記憶に残ります。*その後、自然災害が起こるたびに、こうした現象は一貫して続いています。従来の「奉仕」概念と区別する意味で、筆者は「日本型ボランティア」と名づけました。

「日本型ボランティア」についての人々の指摘と観察を収斂させていくと、活動者の特性が浮かび上がります。ボランティア元年以前のボランティアは伝統的な「他者への奉仕」でした。元年以降のボランティアは、「生き甲斐と絆を求める自分探し」のための「社会貢献」です。日本型ボランティアの社会心理学的背景を探ると、自由であっても孤独な、自立していても他者と繋がっていない、大量の「さびしい日本人」が見えてきます。彼らの多くは職業上も自分の「やり甲斐」に巡り逢えず、仕事に不満や不安を抱えています。この二〇年、産業構造が激変し、労働の形態も内容も平準化と単純化を辿りました。社会貢献に生き甲斐を求める日本型ボランティアの活動者数は一気に増大し、活動の特性は一気に多様化したのです。

＊一九九五年の阪神淡路大震災では一日平均二万人、三カ月間で延べ一一七万人のボランティアが参加したといわれています。政治は一月一七日を「防災とボランティアの日」と定めています。また、一九九七年一月に発生したナホトカ号海難・流出油災害において、日本海沿岸に重油が漂着し、関係機関、地元住民のほか、県内外からボランティアが駆けつけ、厳しい気候条件の中、ひしゃくや竹へら等を用いた手作業を中心とする油回収作業に従事しました。災害発生後、四カ月間に活動したボランティアの数は、延べ約二八万人にのぼったと自治省消防庁が報告しています。

(2)「他者への奉仕」から「自分探しの社会参画」へ――方法論は「社会貢献」です

細々と続けてきた筆者自身のボランティア活動も上記の説明と重なっています。筆者もまた「さびしい日本人」の一人だったからです。それゆえ、自分自身が活動に関わってきた感覚や意識と参考書籍に見るボランティア論のズレが本書執筆の出発点といえます。

初めに、日本青年奉仕協会（ＪＹＶＡ）の小冊子：「ジャーナリストからみたボランティアの論点」＊を読みました。執筆者は12人でした。次に、ジャーナリストの指摘から得た問題意識を持って関係の資料を読み進みました。

＊「ジャーナリズムから見たボランティアの論点」ＪＹＶＡブックレット№7、日本青年奉仕協会出版部、一九九六年。

従来の日本人がボランティアと呼んできた活動は、仏教のいう「施し」や「慈悲」の感性を原点とした「奉仕」の発想でした。したがって、「奉仕」は「他者のため」でした。これに対して、誤解を恐れずにいえば、新しいボランティア活動の主要な目的は「自分のため」です。そして、活動の中身と方法は多様な社会貢献活動です。結果的に、活動の中身は当然「他者のため」になるのです。それゆえ、新しいボランティアの発想も内容も、「奉仕」と重なるところがたくさんあります。しかし、活動の中核を成す目的は大きく変わり、重点が「他者のため」から「自分のため」に転移したのです。「自分のため」が主目的になったということは、社会貢献活動が自らの生き甲斐と絆の探求とセットになったということです。従来の奉仕者と日本型ボランティアの違いは、前者が少数の選ばれた篤志家であったのに対し、後者は「孤独な群集」と化した多数の「さびしい日本人」であるという点です。前者の「奉仕範囲」は、福祉領域のように、比較相対的に狭い範域に限られ、奉仕者は、社会心理学的に心身ともに余裕のある地位にあった人が中心でした。これに対し、後者のプロフィールは実に多様です。活動者は社会的地位に関わりなく、職業、年齢、性別を超えて、現代社会において孤立や孤独を感じざるを得ないあらゆる職種や地域の、あらゆる階層の人々に広がりました。両者の活動は、「人助け」であり、「社会貢献」ですから、現象的には共通項も類似点もたくさんあります。しかし、行動の動機と心理的背景は大きく異なっているのです。前者は、人助けを生き方として選んだ「他者への奉仕」であり、後者は、「さびしい日本人」が孤立と孤独を回避するために選択した自分のための「生き甲斐」探しです。前者は、行為の崇高さや社会の賞賛にもかかわらず、奉仕が可能だった一部の篤志家層を越えて日本社会全体に広がることはありませんでした。後者は、共同体の衰退が臨界点に達した時点で一気に全社会的に展開し、今も拡大しつつあるのです。

結果的に、「さびしい日本人」が選んだ社会貢献の方法は、「信仰」に根ざすか否かの一点を除いて、欧米文化のボランティア活動に類似したものになりました。「日本型ボランティア」と名づけたゆえんです。日本型ボランティアは、宗教的背景は有していませんが、「隣人愛」の行為も、「主体性」の原則も、「労働の対価を求めない」無償の実践も欧米のボランティアと共通のものになりました。阪神淡路大震災の救援活動は外来語の「ボランティア」が日本文化に定着し始めた節目となる出来事だったのです。

2 「共益」と「労役」

ボランティアの概念は日本の文化風土に根ざした発想ではありません。それゆえ、いまだに適切な訳語がなくカタカナのままです。にもかかわらず、近年の日本社会ではボランティア活動の重要性に関する認識が高まり、ボランティアの社会的効果が多くの人々の注目するところになっています。日本のボランティア人口も近年にわかに増え始めたという指摘もあります。*変化が見え始めた頃、新聞記事のデータベースを使って「ボランティア」をキーワードとする記事または報道の件数の変化を調べた人がいました。一九九〇年は約二千三百件、九一年は約四千件、九二年は約五千件、九三年は約八千件、九四年は約一万件、九五年から九六年の二月までで約二万二千件だったそうです。**九五年の一月一七日の阪神淡路大震災で飛躍的に増加したことが分かります。大震災で被災した人々の状況はあらゆるメディアを通して全国に報道され、ボランティア精神を喚起する巨大な「引き金」になったのだと思います。

＊大勝文仁・山田由佳『自分スタイルのボランティアを見つける本』山と渓谷社、二〇〇一年、二頁。
＊＊青柳潤一「『第三の道』を支えるボランティア社会」「ジャーナリズムから見たボランティアの論点」前掲書、二一〜三頁。

「日本型ボランティア」の誕生は伝統的共同体（以下、共同体という）の衰退とやり甲斐の喪失に起因しています。変化の大本は、共同体が衰退し、地域の相互扶助機能が消滅し、個人は孤立化し、さびしい日本人が大量に生まれていたということです。共同体が衰退したのは、日本人が共同体の束縛を拒否したからです。

筆者はかつてご近所からの依頼でなり手のいない町内会の「防犯部長」の役を引き受けたことがあ

ります。やむを得ず引き受けたのであって、喜んで引き受けたのではありません。また、今回は、引っ越した先の新住所で〝運悪く〟妻が町内会の「公民館長」職のくじを引き当てました。いわゆる「自治公民館長」です。〝運悪く〟というのは個人の事情や意志で「辞退」が許される状況ではないという意味です。中学校区を範囲としたコミュニティの「公民館長会議」に行ってみると、行事内容は、コミュニティ・センターという市役所の新しい出先の担当者の舞台回しで、活動内容はほぼ前年通りに決まっていました。

筆者はこの分野のプロですから、現代日本の状況でコミュニティが実行すべきプログラムの提案はいろいろ持っています。しかし、既存の事業に代えて、新しいことを始めるためには各公民館長の合意と市役所による予算措置の組み替えが必要です。要するに、筆者のような新参公民館長の提案で前年から踏襲されたプログラムを変更するということはほぼ不可能であるようにできているのです。新しい活動を提案しようとすれば、予算を握っている市役所との予算組み替え交渉から始めなければなりません。膨大な時間と交渉とエネルギーが要ります。さらに、もちろん、くじ引きか順番で廻ってきた「コミュニティ担当」の館長役員さんに新しいことを始める意欲はとうてい感じられません。時間的にも、エネルギーの上でも、最少の負担でこの一年を過ごしたいと考えている新役員に余計な仕事は禁物なのです。新役員のほとんどは、いずれ交替で負担しなければならない事だから、仕方がないと諦めて出てきているのです。みんなまじめで礼儀正しいので、誰も不満は顔に出しませんが、ソフトボールやゲートボールの大会を含め、活動はすべて「行事消化型」になり、実施方法は「前年踏襲型」になります。

自分を含め会議に出てくる大多数の皆さんは伝統的共同体の中の「従来の日本人」です。「従来の日本人」は、好むと好まざるとにかかわらず、共同体の利益のために働くことは己の義務であると考えています。コミュニティ・センターという市役所の出先が決めたことであっても、決まってしまっていることは仕方がないと諦めています。そして〝渋々〟ではあっても、手抜きをせずにやるべきことはやります。それは共同体の「共益」の分配を受けるための条件だからです。参加の立場は原則として、個人の選択ではありません。共同体の一員として「労役」の義務を引き受けざるを得なかったということです。「共益」の配分と「労役」の義務は共同体の慣習が決めたセットの条件です。それゆえ、共益の意義が薄れれば、労役の負担感は増大します。町内会の役員任務が重荷に感じられるのは、町内会がもたらす共益がもはや日本人の日常の必需品ではなくなったからです。

町内会の役職を負担の大きい義務的労役と思い始めたときから、当然、喜んで参加する人は減りました。役職はすでに「名誉」でも「感謝の対象」でもなく、「今年は当たらなくてよかった」と思う人が増えてくれば、役職が持ち回りくじ引きになるのも自然の成り行きなのです。筆者の場合も、前回の「防犯部長」はなり手がいないというのでやむを得ず引き受けたのであり、今回は運の悪いくじ引きの結果です。「従来の日本人」は共同体を重んじ、「共益」を分かち合う集団中心の発想を受け容れてきました。共同体の発想に逆らってまで自立した個人として生き抜くには、世間は厳しすぎ、日本人の主体性は柔すぎました。ほとんど誰一人ご近所の「白い目」にも、部落の心理的「うしろ指」

にも耐えられなかったのです。

共同体の集団を束ねてきたのは主として「お上」と呼ばれる行政でした。したがって、日本の地域共同体は、行政に対して基本的に「従順」で「服従」の姿勢を取ります。大部分の町内会行事が行政の下請けになるのはそのためです。近年はやりの「コミュニティ自治」の施策も、結局は財政難で行政を「スリム化」するという名目で行われた町内会への「行事下請け」の制度化です。共同体のメンバーと行政＝「お上」とは決して対等ではないのです。「お上」とは、住民と地方行政府の上下関係を明示した用語であることは言うまでもありません。

3　相互扶助と相互束縛

共同体が担ってきた不文律の相互扶助の精神は、苦境に陥ったときの日本人の救いでした。日常における個々人の苦境は、法と行政サービスだけではとうてい救うことはできません。このとき、向こう三軒両隣の苦境を支えたのが共同体の助け合いの仕組みでした。子どもの誕生から家族の葬儀までご近所のやさしさと親切と労《いたわ》りが支えました。これらの共同と支援の機能は、法や行政サービスに関わりなく行われた文化的支援です。しかし、共同体の親切はあくまでも相互扶助ですから受けたご恩は返すことが原則です。「報恩」は「報恩講」・「報恩寺」などのように基本的に仏教・仏事の思想ですが、共同体の文化的慣習として定着した後は、時に、住民間の「貸し」になったり、「借り」になったりしました。「借り」は返すことが義理であり、「義理」にはずれることは心理的に許されなくなりました。事が「親切」や「救援」であっても、恩義の「貸し・借り」は気持ちの負担であり、心の重荷になります。「共益」と「労役」がセットの条件である以上、相互扶助はときに相互束縛にもなり、相互交流は相互干渉に変わったりもするのです。物心両面で共同体の慣習が束縛の体系に変わるのは、共益の意義が薄れ、相互扶助の恩義が人々に負担を感じさせるようになった時です。

日本社会の産業構造が激変・高度化した結果、日本人の生活にとって共同体の必要性は加速度的に減少しました。農林漁業から工業・流通・情報を基幹とする産業構造への転換は、個人重視の発想とライフスタイルをもたらし、共同体の束縛を嫌って「個人優先」の生き方を選んだのです。

かつて共同体の構成員として「不可欠」だった慣習は、今や「余計なもの」に転じました。多くの日本人は共同体の暮らしがもたらす慣習上の義理や義務や付き合いなどの束縛から解放されたいと思うようになったのです。都市化の進行は、多くの日本人に自由と権利の名の下に自分を主張し、自己都合を優先させる、日本的な個人主義、自己都合優先主義を確立させました。社会学者が「マイホーム主義」とか「ミーイズム」と呼んだ現象です。

それまで、共同体の人間関係は血縁と地縁と共同組織の縁によって形成されて来ました。当然、農地の耕作から収穫の祭りまで共同作業が密接であった分、人々の結束は固く、人間関係はウエットな温かいものでした。しかし、同時に、共同体は、集団に対する個人の自由な振る舞いに制約を課しました。共同体は共同体の共益の維持を優先し、それに必要な義務や義理を設定し、個人の言動に一定の監視と干渉機能を有していたのです。

4　会社共同体も終焉

日本の企業や役所などの職場も、かつては、当然、共同体文化の影響下にありました。飲み会も、冠婚葬祭の世話も、スポーツ大会も、旅行も「みんな一緒」でした。時には社員の家族までが一緒だったのです。それらは「会社共同体」と呼ばれ、ウエットな人間関係を特徴とした組織共同体です。しかし、これらの組織においても個人の主体性と自由を希求する者を制止することはできませんでした。職住が分離した組織において、共同体的「相互扶助」機能を維持しながら、あわせて個人の「自由」を追い求めるという「二兎を追う」ことは不可能だったからです。

人々が自己都合を優先し始めれば、成員の欲求はあらゆる組織共同体の慣習と衝突します。会社共同体が守り続けてきた慣習を不快・負担・不満・義理などと感じたとき、個人が共同体の庇護を失うことは当然の帰結でした。個人の権利を共同体の都合に優先させ、自己都合優先主義を生き方の基本に置いたとき、共同体文化の庇護を受ける資格を自ら放棄したといえます。共同体から解放された人々は自由になりましたが、同時に自由の代償も支払わねばなりませんでした。失ったものは相互扶助の温かさでした。しかし、ひとりになった日本人には、相互扶助に代わり得るやさしさのシステムを簡単には創り出せませんでした。価値観の転換と新しい価値を承認する制度の創出の間にタイムラグが生じるのは人間社会の常です。多くの日本人が「自立」したつもりで「孤立」の状況に当面し、「自由」なつもりで「孤独」に投げ込まれることになったのです。「さびしい日本人」が大量に誕生したのはそのためです。

5　物から心へ

⑴「小衆」の登場、「分衆」の誕生

産業構造の転換と高度化は日本人の生活スタイルを都市化し、自由度を増大させ、結果的に共同体を衰退に導きました。もちろん、産業構造の転換は戦後の復興に寄与し、経済発展を大成功に導き、豊かな社会を実現しました。豊かな社会の当面の目的は貧しい時代にはなかったものを手に入れることでした。「消費社会」が到来し、多くの人々がクーラー、カラーテレビ、車など3Cと呼ばれた三種の神器の購入に湧き立ちました。しかし、物の豊かさから生じた興奮は、物が満たされればやがて冷めます。豊かになっても「さびしい」ことには変わりなく「やり甲斐の持てない」日本人は、満足を求めて「パンとサーカス」を追いかけ続けました。現在もその〝あがき〟は「グルメ」や「旅」や「趣味」や「安楽余生」論として続いています。初め、満足の追求は画一的で没個性的で、消費は均質なものでよかったのです。社会学者や経済学者はそれを「大衆消費社会」と呼びました。「大衆消費社会」とは消費の発想も対象も「みんな一緒」で「人並み」を志向する社会でした。

やがてしかし、日本人は欲求充足のカギが「自分」にあることに気づきました。満足の中心は己の「感性」であることに目覚めたのです。一九八四年に藤岡和賀夫氏は『さよなら、大衆』を書き、一九八五年には博報堂生活総合研究所が『「分衆」の誕生』を出版しました。前者は「小衆」の概念

を提示し、後者は「分衆」という言葉を流行らせました。どちらの書物も大衆の時代は終わったと分析したのです。「大衆の時代」とは「みんな一緒」の時代であり、「画一的」な時代であり、「人並み」の時代であり、物質的消費の豊かさを求めた時代でした。過去の「貧しさ」から脱出しようとしてみんなが懸命に働いた時代でした。しかし、豊かな時代が実現して、耐久消費財が行き渡った頃から、事情は一変します。藤岡氏は「感性の時代」が来た*と言い、博報堂の研究所は「差異化の時代」が来た**と指摘しました。つまり、これらの指摘は「自分の時代」、「自分流の人生」が始まったのだと総括しています。多くの人が「物の豊かさ」から「心の豊かさ」へということを言い始めました。

*藤岡和賀夫『さよなら、大衆』ＰＨＰ研究所、一九八四年、二七頁。
**博報堂生活総合研究所『「分衆」の誕生』日本経済新聞社、一九八五年、四三頁。

(2) 自分の時代

現代は「主体性」尊重の時代です。個人主義も、個性主義も、自主性も、主体性も、自律も、自立も、自己流も、勝手主義も、時には「自儘」、「わがまま」ですら、みんな「主体性」の別名と言えます。現代は、自分を中心とした生き方を承認し、「主体性」の尊重が幸福の条件であるという考え方が主流になりました。人生を決めるのは「自分」であるという原則が社会を貫徹しています。この流れを総合すれば、「自分主義」と呼ぶことができるでしょう。本書では、この「自分主義」を「自分流」と名づけました。大人はみんな「自分流」を主張するようになったのです。

藤岡氏が指摘した感性の時代を言い換えれば、人々が「好きなこと」をする時代です。「好きなこと」の中には「あそび」があり、「表現」があり、「創造性」があります。人々の「感性」を保障するためには、会社も仕事も変わらなければなりません。そこで従来型の会社人間「働きアリ」は、夏を歌って暮らすキリギリスになぞらえて「アリギリス」と呼ばれるようになったのです。しかし、現代産業の構造改革の中で会社も仕事も多くの人の感性を満足させ得るように変わることは簡単ではありませんでした。新種アリギリスの欲求に応えて商品やサービスを変えることはある程度までは可能になりました。しかし、労働の単純化、分断化、マニュアル化がますます加速しつつあるとき、大勢のアリの「働き方」を変えることは至難のわざだったのです。労働の単純化、分断化、マニュアル化の結果、比較少数の専門職業を除いて、多くの仕事から「やり甲斐」は失われました。人々の満足の追求が商品や遊びや生涯学習を通した個人の「好きなこと」に傾いたのは当然の帰結でした。「小衆（分衆）」の時代において、「感性の時代」といっても「差異化の時代」といっても人々の行動を決定するのは実は「好き嫌い」なのです。

時を同じくして、学校教育も「好き嫌い」の欲求があたかも「個性」であるかのような教え方を始めました。「世界にひとつだけの花」が大ヒットし、金子みすゞの「みんなちがってみんないい」が個性時代の象徴としてもてはやされるようになったのも自分流の時代の特性です。企業は「多品種少量生産」を経営方針に掲げましたが、優れた経営者は人々がそれぞれの感性のままに自分流の時代を生きるようになった時代特性を正確に読み取ったということです。

「小衆」の登場も「分衆」の誕生も最大の特徴は「画一性」への反発です。人々は欲求と感性の赴くままに、あらゆる分野で生き方を多様化しました。「自分流」の人生は「自分らしく」がモットーですが、「自分らしさ」の実質的な中身は「他人と同じようではありたくない」ということに近かったのです。

(3) 「物から心へ」の時代背景

個人が自分に目覚めて以来、大衆時代の発想も制度も急速に変わっていきました。もちろん、初めに変化したのは感性や生き方ではなく、下部構造の技術や生産関係でした。トフラーが「第三の波*」と呼んだ技術革新は、あらゆる生産構造−生産関係を「陳腐化」していったのです。労働の形態も内容も、サービスも消費材も一気に変わりました。当然、これまでの暮らし方も考え方も急速に陳腐化しました。「陳腐化」とは、古くて社会の実情に適合しなくなるという意味です。陳腐化現象に伴って私たちを支えた制度の多くが制度疲労を起こしているという指摘があらゆるところで聞かれ始めました。象徴的な変化は「無境界化」でした。最も大規模に起こったのは文字通り国境の意味が希薄化した「国際化」でした。国家間の物流も人の交流もボーダーレスになりました。

＊アルビン・トフラー、徳岡 孝夫訳『第三の波』（Alvin Toffler, *The third wave*）中公文庫、一九八二年。

学問の境目も溶解して「境界領域」と呼ばれる新しい分野で学問と学問の融合が始まりました。学問の無境界化は典型として「生物物理」や「バイオテクノロジー」などを生み出したのです。学問に「境界領域」が出現した現象は「学際化」と呼ばれました。

企業の業態にも、また緩やかながら役所の業務にも無境界化は波及し、さまざまな職種の組み替えや組み合わせが模索されました。これらは「業際化」現象と呼ばれます。経営も行政サービスも従来の領域を見直して、統合や再編成の視点が必要になったのです。社会のあり方の根本に及ぶこうした変化こそ「さびしい日本人」の大量発生を理解するカギです。間断なく続く変化こそが時代の最大の特徴となったのです。社会的条件の変化に素早く適応する方法として生涯教育の概念が登場しました。あらゆる変化は、変化の中で生きる人間の社会的適応の必要をもたらすからです。社会的条件の変化が人間の一生を通じて間断なく起こるとすれば、教育も生涯を通じて適応の準備をしなければならないのです。しかし、自分流の感性をもてはやす時代にあっては、生涯教育もまた「好き嫌い」主導の風潮に流されざるを得ませんでした。教育の中身と方法を決めるのは、国民であるべきだという自由の観念は「好き嫌い」の風潮と合体して、生涯教育の概念を生涯学習と言い換えることになったのです。学習内容を選択する主役は教育を提供する側から受ける側に移りました。当然、学習者は「自分のやりたいこと」だけをやるようになります。それゆえ、生涯学習がやってきたことは、「好き嫌い」を基盤とした「分衆行動」であったといっていいでしょう。しかし、最も重要なことは、消費も学習も「自分のやりたいこと」だけで生き甲斐を満たすことはできないということです。時代の変化・世界の変化を乗り切った日本の経済は豊かな日本を達成しましたが、その豊かさを持ってしても

「さびしい日本人」を救済することはできなかったのです。グルメもブランド品も多様な趣味活動も人々を満たすことはできませんでした。「カルチャー難民*」の発生はその象徴でした。人々は自分らしさを追求し、「人並み」とは異なったさまざまな「感性品」や「特別サービス」を求めましたが、ものやサービスに自らを満足させる生き甲斐の答は得られなかったのです。「物の豊かさ」から「心の豊かさ」へ、が時代のスローガンとなり、社会は「心の豊かさ」とは何か、を問い始めました。「日本型ボランティア」誕生の条件が整ったのです。

＊豊かな中高年の皆さんが余暇の充実を求めて生涯学習・カルチャーセンターのプログラムに通い、たくさんの学習や趣味に次々に挑戦するも、結局は生き甲斐を見出せず挫折を繰り返して彷徨《さまよ》う姿がまるで難民のようだという意味です。

2 「さびしい日本人」の大量発生

「さびしい日本人」とは、共同体を離れ、自由になった個人が、他者との新しい関わり方を見出せず、また、仕事にも仕事以外の活動にも十分な「やり甲斐」を見出せず、孤立や孤独の不安の中で「生き甲斐」を摸索している日本人を指しています。

1 共同体文化が培った相互扶助の人間関係の終焉――「みんな一緒に」は不要になったのです

共同体を衰退させた引き金は、日本社会の産業構造が大転換したことです。農林漁業を基幹とした産業は工業と流通とサービス・情報を中心とした構造に転換しました。技術革新も間断なく続きました。「分衆」や「小衆」が登場し、「感性」を重視する「自分流」の時代が来たのです。生涯教育－生涯学習が登場したのも変化の時代への適応が不可欠になったからです。

日々の暮らしに共同体を必要とした農林漁業中心の時代が過ぎ去り、日本社会の産業構造が転換し、技術が高度化するのと平行して共同体が衰退し始めたのです。

共同体は共同作業を通して「共益」を守り、共同体成員の相互扶助を行い、成員の連帯と絆を守って来ました。日本の共同体は農山漁村の産業構造が生み出した暮らし方です。その暮らし方の総体は共同体文化と名づけていいでしょう。農林漁業は、水資源の分配も、共有の森林資源の管理も、時には、収穫も漁も、救難も、屋根葺きも、もろもろの冠婚葬祭も、すべて村人の共同を不可欠としました。ところが現代産業はこれらの共同事業を分業化し、専門職業化し、共同体総出の作業の必要を徐々に少なくしていったのです。「みんな一緒に」は不要になったのです。農林漁業を基幹とする産業構造が、工業や流通やサービスを中心にした構造に転換すれば、農林漁業を基盤とした共同体のあり方は衰退せざるを得ないということです。

日本が先進工業国家として貿易立国の道を辿ったのと歩調を同じくして、居住環境もライフスタイルも都市化が進行しました。個人は「自己都合」を生活の中心に位置づけ、自由と自立を主張しました。当然、職場における人間関係も同じような変遷を辿ったはずです。共同体文化の発想は地域生活の中だけに存在したわけではなく、職場にも、家族の中にも存在したからです。自由な個人の誕生は「職場共同体」も「家族共同体」も衰退させていったのです。

かくして、戦後日本の都市化の歴史は、共同体の束縛や干渉を拒否し続ける過程でした。振り返れば、日本人が個人を確立した過程は、同時に共同体文化が培った相互扶助の人間関係を破壊した過程でもあったのです。

農林漁業と異なり、工業も流通もサービス業も共同体の助けを必要としないばかりか、共同体足らしめた「共同」や「共有」の慣習は発展の障碍となりました。個人にとっては、「共同」や「共有」を起点とする共同体特有の慣習は、一転、束縛や干渉に転化して、各人の自由と衝突することになるのです。共同体を必要とした産業構造が転換した結果、「みんな一緒に」行動することは不要になったのです。日本人が共同体から自立し、個人の自由を拡大した過程は、日本の地域共同体の衰退の進展と平行して続いたということができます。

2 やり甲斐の喪失

(1) 労働の平準化——均質性と没個性化

現代の特性は「利便性」です。「利便性」の実質的意味は、「労せずして手に入れる」ということです。「労せず」の意味には「容易く」も「安価に」も含まれています。換言すれば、利便性とは「簡便化」と「効率性」に重なります。利便性を追求した結果、現代の労働は機械化と自動化によって単純化され、均質化され、平準化されました。流れ作業と分業は仕事をさらに分断し、単純化は部分労働をもたらしました。商品やサービスが効率化・高度化した分、労働者は労働プロセスの全体に関わることはますます少なくなり、成果の全体も見えにくくなりました。換言すれば、多くの労働が均一化され、仕事は誰がやっても同じようなものになり、マニュアル化されていきました。自分は計画に参加していない、労働プロセスの全体も見えない、自動化され、機械化され、平準化され、分業化され、単純化された労働は「つまらなく」なったのです。人々がこの仕事は自分でなくてもいいのだ、誰がやってもいいのだ、と思ったのは当然でした。

一方、商品やサービスの均質化は現代の条件です。利便性の条件といってもいいでしょう。JISマークやECOマークのように品質の標準化が求められるのは利便性の象徴です。都市や田舎に関係なく「ユニバーサル・サービス」がいわれるのも同じ理由からです。利便性の公平化も、均等化も、均質化も、標準化も、企業や役所の最優先課題になりました。現代の労働は個人の資質や働きの違いを消すことに躍起になってきたのです。労働における個人差の解消は没個性化ということです。商品もサービスもあなたがつくろうと私がつくろうと同じものが求められるようになったのです。結果的に、「私でなければならない」理由はなくなります。現代の労働はそこで働く人々の没個性化を要求しているといっても過言ではありません。

人々が求める「やり甲斐」は「成果が上がること」、「能力を発揮できること」、「活動に意義を感じること」、「人々から認めてもらえること」などの総合的結果です。それゆえ、誰がやっても同じことであれば「やり甲斐」が遠のくのは当たり前のことです。対人的な仕事や高度なトレーニングを必要とする専門職業を除けば、おそらく現代の大部分の労働は没個性的なもので差し支えないのです。加藤秀俊氏はやり甲斐の根拠を分析して「誰にでもできる仕事ではなく、自分にしかできない仕事だ、と思うから職業生活には張り合いがある」のだと指摘しています。「その職業が、誰にでもできるようなものになってしまったときに、ひとはそれにくだらないという形容詞をつける」。「そして、現代社会はくだらない仕事に満ちあふれている」*と指摘しています。加藤氏の指摘通り、労働の「平準化」はくだらない仕事を社会に溢れさせたということになるでしょう。労働におけるやり甲斐の喪失は当然の帰結だったのです。

*加藤秀俊『生きがいの周辺』文芸春秋社、一九七〇年、二四二頁。

(2) 個性にこだわる近年の教育

他方、近年の学校は異常なほど「個性」にこだわります。どこの教員研修に伺っても個性についての質問が出ます。筆者は、「子どもの興味関心にかかわらず」、「教えるべきことは教えよ」と主張しているのですが、必ずといっていいほど「必修」や「一斉指導」は子どもの個性を抑圧することにならないか、という抗議をこめた質問がでます。一世を風靡した金子みすゞの「みんな違ってみんないい」を前提に子どもの現状を「あるがままに」認めるべきだという意見も根強くあります。筆者が訪れたある小学校には、「君は君のままでいいのだ」、「誰かの真似などしなくていいのだ」と特筆大書したポスターが壁に貼ってありました。

筆者も、もちろん、教育実践において、子どもがそれぞれに「違っている」ことは認識しています。しかし、「違っていること」と「個性」を同一視することはできないでしょう。それぞれが違うということは教育の結論ではなく出発点です。したがって、「みんな違って」いるという事実が「みんないい」という結果になるか否かは、子どもの成長過程について社会の評価を俟たなければならないということです。それぞれの「違い」が社会の評価基準に適って「すべて良い」とはならないというのが筆者の意見です。

「みんなちがってみんないい」を論議することは、「個性」を論議することです。質疑の核心は、「個性とは何か」、「個性をどう考慮するか」ということになります。「個性」こそが自分流の人生の原点であり、戦後教育がもてはやした指導法の「核」になる概念だからです。

(3) 教育における「個性」の過大評価

個性の一般的定義は、〝「個体・個人」に与えられた資質や欲求の特性〟ということになります。要は、他者との「差異」の総体です。しかし、「他人と違っている自分」というだけでは教育指導上の「個性」を説明したことにならないでしょう。単純な「他者との差異」を「個性」と等値し、両者を混同したところに近年の教育の混乱の原因があります。近年の教育は個人の感性や欲求を強調し、個性と混同する過ちを犯したのです。

まず第一に、「資質上の違い」だけを問題にするなら、個々の後天的な努力をどう評価するのか、が問題になります。少年期の「他者との違い」は、本人ががんばれば直ちに発生し、その成果は縮小したり拡大したりするからです。努力しない少年が遅れを取るのは当然の結果です。

第二に戦後教育の個性論は、感性や欲求を個性と混同しました。各人の持つ「資質」と「欲求」が混ぜ合わさって「違い」が生じるとすれば、「個性」とは、「欲求の現れ方」、「自己主張」・「自己表現」の「あり方」ということになります。すなわち、個性＝「自己主張」・「自己表現」となります。しかし、当然、すべての自己主張や自己表現を個性として尊重せよとは誰も言わないでしょう。馬鹿げた自己主張も、端迷惑な自己表現もあり、社会に害をなす反社会的な主張も多々あることは自明だからです。

それゆえ、第三の問題は、すべての個人差を肯定的に評価することはできない、ということです。子どもの自己中心的な欲求や身勝手な思い込みを個性と勘違いしてはならないのです。

第四に注目すべきは「他者との違い」の構成要因です。「自分」と「他者」を区別する最も具体的な要因は、知的能力、身体的能力、判断力、適応力、容貌・しぐさ・表現力などあらゆる種類の「能力」です。次の要因は、短気、大胆、やさしさ、思慮深さ、気長などといった性格的・精神的要因です。まさしく、性格は人それぞれ違います。最後の要因は、個人の好みと欲求です。「タデ食う虫も好きずき」で、それぞれに人間の嗜好や相性は異なるのです。

重要なことは、「能力」を「個性」と等値すれば、必ず社会的評価と選別に結びつきます。また、「性格や精神」と「個性」を等値すれば、好ましくない性格の判定やその矯正問題が浮上します。当然、欲求と個性を等値することもできません。反社会的な欲求や嗜好を肯定するわけには行かないことは自明でしょう。「みんな違ってみんないい」という情緒的かつ好意的な発想は、耳障りはよいですが、現実の教育場面に適用することは決して簡単ではないのです。それゆえ、「他者との違い」を

「個性」として全面承認することは、不適切なだけでなく教育的には不可能なのです。子どもの感性や欲求を個性と等値することは問題外です。

要するに、人間には、いろいろ特性はありますが、それほど際立った個性などというものは、めったにあるものではないのです。際立った「個性」は押さえても延び、教えなくても自ら花をつけるのです。その「花」には、時に、毒すらあるのです。「個性」とは、個人の「特性」と「生き方」の総合として人生の最後にあらわれる「他者との差異」なのです。「個性」とは、自分に与えられた運命的な特性と本人の人生のがんばりとが綾なす総体的な生き方に現れる特性の意味です。しかし、近年の学校が重視した個性教育は思わぬところで副作用を生みました。

⑷ 労働のやり甲斐を失わせた適性論

近年の教育では、個性の重視が叫ばれ、多くの場合、個性は「欲求と感性」に置き換えられました。他方、上記の通り、「利便性」追求の結果、多くの労働のプロセスが単純化され、没個性化しました。個性を重視しながら、個性を喪失した仕事を続けなければならない現代の労働はなんたる矛盾を含んでいることでしょうか！　多くの人のやり甲斐の探求は悲惨な結果を招くことになりました。自分の欲求や感性にあった仕事だけがやり甲斐に繋がるという仮説に立てば、誰もができる仕事はやり甲斐には繋がらないということになります。しかし、現代の労働の多くは、すでに誰にでもできる労働に分業化され、単純化され、標準化されているのです。「自分でなければならない」という労働に巡り逢うことは至難のわざなのです。

近年、特に、多くの若者が仕事に就いても長続きしないといわれます。原因の多くは彼らの「個性重視」の結果であり、自身の好き嫌いを過大評価した結果です。景気が悪くなると、失業率が社会問題の前面に躍り出ますが、現代の失業は、現実に、仕事があっても仕事が続かないことによる現象だという、事業主の証言をテレビで見ました。十分なトレーニングも受けていず、それだけの能力も備わっていないのに「自分に合った仕事」を探し続ける若者群の存在は、現代の教育病理的な現象です。若者たちの多くが仕事を選り好みすることが失業現象の一因であるとする事業主の証言は一理ある分析といえるでしょう。

大学の教員に聞いても、学生の多くは一つのことを長く続けることができず、せっかく見つけた就職の機会を途中で投げ出してしまうというのです。しかも、「自分に合わないから辞めてきた」と平気で言うそうです。彼らがこだわる「自分に合うか、否か」の問題は、好きか嫌いか、気に入ったか、入らないかの問題なのです。彼らのいう特性とは自分たちの欲求や感性のことに過ぎません。要は好き嫌いの問題であり、「自分でなくてもできることだ」ということが結論になるのでしょう。このような態度の背景には、自分の「個性」に対する過大評価が存在しているのです。個性を感性に等値し、好き嫌いの問題とごっちゃにしたのは教育です。子どもの感性の過剰評価・過大評価を蒔き散らしたのも教育です。なかんずく、学校教育であり、その影響を受けた家庭教育です。考えるまでもなく多くの平均的な若者のやることなど誰にでもできることなのです。

労働の平準化・単純化・マニュアル化は、公平・均質な利便性を追求する現代人の欲求がもたらした結果です。欲求や感性を個性と勘違いして教えた教育は、平準化された労働への幻滅を増幅する結果になったのです。個性と置き換えられた欲求や感性の過大評価は、労働に対する高望みを生み出しました。労働のあり方に対する個人の期待値を非現実的に上昇させたのです。若者の多くは己の能力や努力も顧みることなく、ないものねだりをすることになったのです。高望みの「ないものねだり」を満足させる方法はありません。平準化された労働で高望みする個人のやり甲斐要求に応えることはほぼ不可能です。労働形態・内容の平準化と過剰な個性教育を組み合わせた結果、現代人の多くは仕事のやり甲斐をなくしています。人生の充実を労働以外の活動に求める人が増えたのは当然の帰結だったのです。

産業構造の変化の過程で現代人は共同体の温もりを失いました。そして今、労働の形態と内容が変化した結果、多くの現代人は仕事のやり甲斐を失うことになったのです。教育における「個性」の強調は、さらに仕事のやり甲斐に対する失望感を増幅します。高度な専門職業や単純化が難しい対人関係の職業に就いた人々以外、多くの人々にとってボランティアによる社会貢献は唯一残された「均質でもない」、「単純でもない」、「マニュアルもない」活動といえます。ボランティアこそが「自分らしさ」や「自分の感性」を探求できる活動であることに気づいたのです。

ただし、ボランティア活動は労働ではありません。食うためには、ボランティア以外の労働で日々の糧を得なければなりません。それゆえか、ようやく、ボランティア活動と労働が融合した新しい生き方の形態が生まれたのです。それがＮＰＯです。社会も新しい「融合」を認めました。新しく成立したＮＰＯ法は公益的な活動を行政の独占から解き放って市民に解放したのです。「官」が担当してきた「公共」とは異なる「新しい公共」*という流行語も生まれました。ＮＰＯは、自分のやりたいことがやれて、人並みに飯が食えるという職業とボランティアの融合形態なのです。ＮＰＯが現代人の注目を集めるのは当然のことです。共同体文化が遠のき、生き甲斐が仕事の中にあった時代が遠のき、「さびしい日本人」と「やり甲斐喪失の日本人」が急増しました。日本型ボランティアも、ボランティア的活動を労働化したＮＰＯも「さびしさ」と「つまらない労働」からの脱出という要素を含んでいるのです。

*Ｙａｈｏｏ！辞書（Ｗｅｂ）では「これまで『官』が支えてきた教育や子育て、防犯や防災、医療や福祉などの公共サービスに、地域のＮＰＯ法人や市民が積極的に参加できるようにして、社会全体として支援する新しい価値観を生み出そうとしている。」と説明しています。

3 「個人」の誕生

(1) 「自由」の希求と主張

共同体は個人の自由や選択より全体の「共益」を優先します。それゆえ、個人の恣意的な判断で共同作業や一斉行動を変更することや、拒否することは許されません。共同体は共益を優先し、個人の自由や選択権を後回しにします。日本人が個の自由を主張し始めれば、当然、個人と共同体の衝突が起こります。「共益」と「私益」の葛藤が起こるのです。

産業構造の転換によって共同体に依存しなくても生きていけるようになった日本人は強く自己都合を主張するようになりました。自己都合を優先するということは「私益」を「共益」に優先させるということです。換言すれば、人生の歩み方は全体よりは個、集団よりは自分というように一人一人にこだわった生き方が優先されるようになったのです。一九八〇年代に山崎正和氏は「柔らかい個人主義」が生まれたと指摘していますが、同時に、「『生きがひ』や文化的満足は、単に個人ごとに異質な要求であるばかりでなく、厄介なことには、実はその内容が当人にもあらかじめ明確に掴まれてはいない」と書いています。[*] また、先に紹介した通り、宣伝やマーケティングを担当してきた会社は、企業の広告や商品の購買を巡って、「大衆」に代わる「分衆」（または「小衆」）が生まれたと指摘しましたが、分衆の時代は人々の感性もニーズも拡散していることが特徴なのです。[**] 藤岡和賀夫氏は、小衆の登場とともに新しい日本人が登場し、人々は己の感性の命ずるままに生きるようになり、日本列島は「感性新時代」によって生まれ変わるだろうとまで断言しています。[***] 筆者は上記の指摘が行われた一九八〇年代に「自分流」の生き方が日本人の中に定着し始めたと理解しています。そして己の主体性にこだわった「自分流」のライフスタイルは「自分らしく」と声高に言うだけで、山崎氏が指摘した通り、いまだに明確な中身の定義はできていないのです。[****] 日本型ボランティアはこうした時代状況の延長線上に生まれたのです。

＊山崎正和『柔らかい個人主義の誕生』中央公論社、一九八四年、八三頁。

＊＊博報堂生活総合研究所『「分衆」の誕生』前掲書、一七八頁。
＊＊＊藤岡和賀夫『さよなら、大衆』前掲書、一一三頁。
＊＊＊＊拙著『安楽余生やめますか、それとも人間やめますか』学文社、二〇一〇年、八〇頁。

(2) 共同体の衰退と「都市化」の同時進行

個人の自由は、工業と商業の拠点が集積してつくり出した都市がその推進役でした。都市型の考え方、都市型の人間関係は、時を経て、農山漁村にも浸透し、最終的には全日本人のライフスタイルの都市化が進行しました。共同体の衰退はライフスタイルの「都市化」として現象したのです。都市化を支える思想の原点は個人の自由と自立です。それゆえ、都市化を受け入れた人々は、組織の束縛も、他者からの干渉も嫌いました。一方、自由と自立を主張する以上、個人の生活や行動が行き詰まったとしても誰も世話はしてくれず、独りぼっちになっても誰もかまってはくれません。自らの工夫と力で生き甲斐を探求し、他者との連帯や絆を築いていける人は自立と自由を全うできますが、それができなければ、時に、自立は孤立に、自由は孤独に転落します。「さびしい日本人」が大量に発生するのはこの時です。工業も商業も必要としたのは個々人の知識であり、技術でした。流れ作業のような共同作業ですらも、各工場の必要に応じて新たにデザインし直されたもので、分業の中で人間同士は必ずしも繋がってはいません。工業・商業においては、人々は共同体に内在した相互扶助の助けを必要とせず、新しい分業と協業のシステムの中で自分の知識や技術によって生きていくことができるようになりました。さらに職住の分離は、地縁共同体への依存度を決定的に減少させました。地方文化や地方の慣習の中に残った従来の共同体の約束やしきたりは、今や、束縛と化し、個人の自由と自立への干渉条件と化していったのです。換言すれば、ライフスタイルの都市化とともに日本人は「共同体の成員」から「個人」に変質していったのです。

当然、共同体は、その特質である地縁に基づく冠婚葬祭の共同をはじめ、安全・安心の相互扶助機能を急速に喪失していきました。失われたものの中には、共同や協同の背景を成した「地域の教育力」も含まれていました。もはや一斉に行われる川さらいも里山の下草刈りも全員に関わる行事ではなくなりました。祭りや寺社の行事も全員の行事ではなくなりました。全員一致の一斉清掃や地域行事への動員は個人の自由な生活時間を奪う、束縛に変わったのです。工業化⇩高度産業化の進展とともに、戦後の日本人は共同体の束縛を拒否し、個人の自由や権利を共同体の必要に優先して位置づけました。「共益」を守ることによって成立していた共同体は、個人の自由と権利を主張する人間が増えた分だけ、その組織力、強制力を失ったのです。当然、共同体を自らのよりどころとしていた人々の精神も信念も衰退します。青年団はとうの昔に消滅し、婦人会の凋落傾向も止まりません。教育の分野では、地縁によって結成された子ども会も役員のなり手がいないため次々と有名無実化しています。それゆえ、放課後の集団遊びも休暇中の集団での野外活動も子ども会が企画することはほとんどなくなりました。地域の教育プログラムを支えた教育力はほぼ壊滅したといえます。共同体の庇護を離れた日本人に残されている共同事業は行政の下請けの「回覧板」と「ゴミ出し」と年に数回の一斉清掃ぐらいのものになったのです。

4　誰も世話を焼かず、誰もかまってくれません――「自由」がもたらした「孤立」と「孤独」

「さびしい日本人」が「さびしさ」から脱出するためには、自分の力で他者と繋がり、新しい生き甲斐と絆を見つけなければなりません。なぜなら、一度捨てた共同体に戻ることは不可能であり、さびしいからといって昔の慣習を回復したところで自由な個人は己が束縛され干渉されることには耐えられないからです。すでに自由であることを味わった若い世代や女性たちが共同体文化が残存する〝田舎〟に住めないのはそのためです。

しかし、共同体の慣習が束縛や干渉に思われたときにはあれほど鬱陶しかった「みんな一緒」の慣習も、なくなってみると、誰も世話を焼いてくれないという事実だけが残ります。さびしかろうと不安になろうと誰もかまってくれません。鬱陶しかったはずの共同体の慣習が懐かしくなるのはそういう時です。「昔はよかったね」「みんなが協力して一緒にやっていたね」という感慨は時に郷愁であり、時に孤立と孤独、不安と寂寥に対する心情の吐露といって間違いないでしょう。人間とは勝手なもので、自由とは厄介なものです。

工業と流通と情報サービスを基幹産業とする構造転換は、個人重視の発想とライフスタイルをもたらしました。人々は、共同体の束縛を嫌って「個人優先」を価値として選んだのです。さびしくなったからといって「相互扶助」と「自由」の二兎を追うことはできません。共同体を拒否したとき、日本人は共同体の有するやさしさや相互扶助のシステムを捨てたのです。個人の権利をみんなの共益に優先させ、自己都合優先を生き方の基本に置いたとき、自由と孤立を同時に味わうことになるのは必然の成り行きでした。新興団地に象徴される新しい居住地区は、「同じ地域に住んでいる」という事実だけが共通で、従来の共同体が有した温かさややさしさのシステムに代わる新しい助け合いの思想はいまだに創り出していないのです。自らが主体的に動いて他者と繋がらない限り、誰も世話を焼かず、誰もかまってくれないのです。現に、近隣の交流はなくなり、自立と自由を全うできない大勢の人々が孤立状況の中で立ち往生しています。多くの日本人が「自立」したつもりで「孤立」状況に当面せざるを得なくなりました。近年では結婚のための男女の出会いを行政が予算を使って応援するところまで来ました。「婚活」支援と呼ばれています。「婚活」の「婚」は結婚の婚です。「活」は活動の活です。要は、若者が結婚するための活動を、就活（就職活動）と同じく省略した言い方です。「コンパ」もできない大学生といわれて二〇年以上が経ちますから、異性と話のできない若者が出るのも当然の現象なのでしょう。現代は、自分が行動する意志を持たない限り、誰も世話を焼かず、誰もかまってくれません。「自由」がもたらした「孤立」の中で若者たちが立ち往生しているといった構図です。自由とはときになんとも不自由なものなのです。

以上の考察から「さびしい日本人」を構成する要因は次のようになります。

(1) 共同体文化が培ってきた相互扶助の人間関係を離れた自由な個人
(2) 労働や定年後の活動に「やり甲斐」を見出せない人々

(3) 他者との連帯や新しい絆を希求しながらもいまだつくれていない人々

したがって、定義は次のようになります。「さびしい日本人」のさびしさとは、共同体を離れ、自由になった個人が、他者との新しい関わり方を見出せず、また、仕事にも仕事以外の活動にも「やり甲斐」を見出せず、孤立や孤独の不安の中で「生き甲斐」を摸索している状況を意味しています。「日本型ボランティア」が登場した背景には「さびしい日本人」の大量発生があるといえます。

3 日本文化とボランティア

ボランティアとはもともと「自発的な善意」を意味し、欧米文化においてはキリスト教と結合して「隣人愛」の信仰実践として発展して来ました。日本にも「おたがいさま」や「おかげさま」のように他者支援の類似発想はありましたが、日本人の社会貢献は神仏と約束した活動ではなく、個人の主体性と選択による「やさしさ」の表現として新たに登場しつつある活動です。ボランティアは外来文化に由来する発想であるため、適切な訳語が定着せずカタカナのまま日本語化しているのです。

1 ボランティアの精神は昔からあったか⁉

日本社会は共同体文化の長い歴史の中で「おかげさま・おたがいさま」という地域の共益関係を保って来ました。村落共同体から現在の町内会に至るまで、住民のあらゆる共同原理は「共益」の享受を目的としています。「おかげさま」も「おたがいさま」も助け合いの文化ですから、現象的には、欧米型のボランティアに重なるところも多々あります。それゆえ、「ボランティアの精神はずっと昔から日本にあった」という人もいます。有名な「悲田院」や「施薬院」などがその原点であるとし、中世の「講」や近代の「結い」による共同作業・相互扶助もその一例だという見解があります。「つまりボランティアとは、要は人と人との助け合いなのです」。……「人として当たり前の行動なのだと思います」*、という指摘です。

＊大勝文仁・山田由佳『自分スタイルのボランティアを見つける本』山と渓谷社、二〇〇一年、三〇頁。

しかし、はたしてそうでしょうか？　筆者の意見は違います。ボランティアに当たる思想が昔から日本社会に存在した考え方であり、「人として当たり前」の「助け合い」を意味すると言うだけのことなら、ボランティアはなぜ近年までもっと盛んにならなかったのでしょうか。なぜ「奉仕」は「ボランティア」に変わったのでしょうか。なぜボランティアにはいまだに日本語の訳がつかず、外来の概念を使い続けているのでしょうか。ボランティアという用語がカタカナのまま日本に定着しつつある背景には特別の理由があるのです。

筆者の考えは、上記の指摘とは逆に、過去の日本にボランティアの発想は存在しなかったという結論です。なにより端的な証拠はボランティアの「呼び名」です。日本文化に流入した外来語は、意図的に日本語に訳さないものと訳そうとしてもうまく訳し切れないものとがあります。前者の多くは表現上の〝ファッション〟であり、外来語のままの方が〝格好いい〟のです。トヨタも日産もホンダも車の名前にまず日本語は使いません。当てはまる日本語がないのではなくて、日本語にしない方が〝格好いい〟からです。一方、後者は、日本社会にピッタリ当てはまる「概念」や「対象」が存在しないがゆえに日本語訳が定着しないのです。明治期の福沢諭吉先生が、「会議」や「議会」や「会社」や「社会」などの概念語を発明したといいますが、言葉をつくりながら、当該用語に対応するシステムを同時に創らなければならなかった明治維新のプロセスはさぞやたいへんだったことでしょう。ボランティアも上記の新語に類似した運命を辿りました。

個人の主体性を活動の原点とするボランティアは、それに該当する活動が日本社会に存在しなかったのでこれまで適切な日本語訳がつくれなかったのです。訳語は「つくらない」のではなくて、「つくれない」のです。それゆえ、外来語のまま使わざるを得ないのです。ボランティアの日本語訳がつくれない最大の理由こそ、ボランティアが意味する実践や行動原理が過去の日本の歴史と文化には存在しなかったという事実です。ボランティアは日本社会に存在しなかった思想と生き方なのです。しかし、産業構造の転換と高度化が日本の社会状況を一変させました。現代の日本社会は、都市化と高齢化に直面し、ボランティアを必要とする社会的風土を創り出しました。今やボランティアは、「個」の存在を尊び、「主体」の自律を重んじる日本人の社会貢献を支える思想です。他者との絆を失った人々は他者との出会いを求めています。仕事にやり甲斐を見出せない人々は、社会貢献にやり甲斐を求めています。人生八〇年時代を生涯現役として生きようとする人々にとって、社会貢献を基軸とするボランティア・スピリットは己の活力を維持し、社会への参画を続ける不可欠な条件となったのです。

外来思想のボランティアは、個人として生き始めた多くの日本人の賛同を得て、日本型ボランティアとして定着し始めています。日本型ボランティアは労働に代わるやり甲斐を創り出し、歴史的にわが国にこれまで存在しなかった新しい生き方を創り出しつつあります。伝統的共同体が崩壊し、「地縁」による人間関係が衰退し、自由な個人が生まれはしたものの、他者と繋がることのできないバラバラな個人は孤立や孤独の試練に当面しました。個人は自由な人生の生き甲斐を求め、日本社会は人間相互の連帯や絆を必要としたのです。日本型ボランティアは適切な日本語訳がつくれない外来語のまま、個人がバラバラになりつつある日本のコミュニティに新しい「やり甲斐」をつくり出し、思想と感性を共有する「志縁」の人間関係を生み出しつつあるのです。日本型ボランティアは自由な個人に受け入れられ、新しい日本文化となり、日本人の生き甲斐と連帯を支えるカタカナ日本語の概念として定着しつつあるのです。ボランティアの精神といっても昔から日本にあったものではなく、つい近年日本型ボランティアとして登場したばかりなのです。

2 「生涯現役」とは「生涯ボランティア」を意味する

ボランティアの行為や活動は、一般的に「奉仕」と訳され、その「行為者」については「有志」、「奉仕者」、「篤志家」、「有志活動家」、「任意行為者」、「志願者」などと訳されて来ました。しかし、現在に至っても、ほとんどだれひとり日本語訳を使いません。奉仕も有志も志願者も、私たちがイメージするボランティアの発想にどこか似つかわしくないのです。「ボランティア」という言葉が内包している「自由」で、「自発的」で、「人間を愛し」、「労働の対価を求めない」という私たちの感覚にしっくり来ないからです。

「ボランティア」はおそらく適切な訳語を発明できなかった異文化の用語の「典型」なのです。日本の文化にも、奉仕や「布施」や「陰徳」や「おかげさま」や「おたがいさま」など現象的にはボランティアに似通った考え方も行為も確かに存在するのですが、いわゆる「ボランティア」とは発想の根幹においてどこか感覚が異なっているのです。それゆえ、いろいろ工夫をしたあとでも、いまだにボランティアをカタカナで書き続けているのです。このことは、日本文化にとって重要かつ特徴的なことであり、日本の歴史には、ボランティアに匹敵する文化的思想や行為が存在しなかったという証でもあります。

近代以降、経済の国際化・地球化の時代が到来する今日まで、貿易立国日本は、進んで世界の国々の文物を取り入れ、異文化との付き合いを深め続けざるを得ませんでした。外国の文物を受け入れているうちに、「クリスマス」や「レディーファースト」や「スポーツマンシップ」などと同じように、ボランティアの思想と実践も外来語のままに日本社会に紹介され、ボランティアを自称する活動も徐々に広まっていきました。しかし、多くの人が、阪神淡路大震災がボランティア元年であると指摘しています。だとすると、その前に行われていた「ボランティア活動」とはなんだったのでしょうか？　おそらくそれは「奉仕」や「相互扶助」や「共益」のための「共同作業」などをひっくるめて呼んでいたのだと思います。

上記の通り、筆者は、生活スタイルの都市化に伴った「さびしい日本人」の大量発生こそが「日本型ボランティア」誕生のカギを握っていると考えています。事実、近年、年をとって周りを見渡してみると、自分を含めて、友人・知人にボランティアをしている人が多くなったことに気づきます。われわれは「さびしい日本人」として孤立することを恐れています。老後に生き甲斐を失うのではないかとも心配しています。筆者ももちろん、筆者と同年齢層の熟年ボランティアは社会貢献活動を通してそうした不安や心配に備えようとしているのです。「生涯現役」はその処方です。辞書によれば、「現役」とは「現に今」社会に貢献する「役割」を有する者であるという意味です。したがって、「生涯現役」とは、生涯にわたって、社会に貢献する「役割」を持ち続けているという意味です。退職後の生涯現役は生涯ボランティアと言い換えても間違いではないのです。

筆者は、高齢社会を「安楽」に生きようとする「安楽余生論」を批判して来ました。人生八〇年の時代に社会への参画を断念してぶらぶら暮らしている熟年世代は、安楽を追い求めるライフスタイルのゆえに加齢とともに急速に衰えます。安楽余生とは自らの心身を鍛えることのないライフスタイルだからです。安楽の果て、己の心身に負荷をかけることをしなくなった人々は加齢とともに一気に衰えます。医学が指摘した「廃用症候群」が起こるからです。筆者のいう「生涯現役者」とは、老衰で身体がきかなくなるまで社会貢献の志を捨てず、人々の役に立とうとする熟年を意味しています。それゆえ、生涯現役者は、生涯ボランティアと同意味で、老いてなお、「社会を支える人」として活動を続ける人です。彼らの魅力は、老いてなお他者の役に立ち、社会貢献を持続しようとする思想と意志と実践のエネルギーにあります。高齢社会は、高齢者自身のためにも、彼ら以外の世代のためにも「生涯ボランティア」を必要としているのです。彼らの精神こそが共同体が衰退したあと、自由で自立した個人が創る市民社会の精神だからです。

これからの日本は、共生・社会貢献の気概なくして高齢社会を乗り切ることはできないというのが筆者の持論ですが、生涯現役の社会貢献を支えているのがボランティア・スピリットです。老いて社会参画の気概を失えば、生き甲斐や人間の絆を維持することは難しくなります。若いときの労働は基本的に生活の糧を得るというやむを得ざる側面を持っています。しかし、日々の生き甲斐を探求し、他者との絆を失わずに生きるためには、労働だけでは満たすことのできない状況が生じます。生き甲斐の空白と絆の欠如を埋めたのが日本型ボランティアだったのです。労働の意義を補い、高齢者の老後に生き甲斐を生み出すためには、ボランティアの意志と実践のエネルギーが必要になったのです。筆者は、活力ある老後のカギは「読み、書き、体操、ボランティア」であると提唱して来ましたが、なかんずくボランティア・スピリットは生き甲斐の探求と絆の形成にとって不可欠の精神なのです。

3 「おたがいさま」や「おかげさま」とボランティアの概念

ボランティアに関する日本と欧米の社会的風土の最大の相違点は、「個」の概念です。個人主義の考え方も当然「個」の概念から派生しました。欧米の「個」の概念は、常に「全体」と鋭く対立し、個人の権利と全体の福祉は常に葛藤状態に置かれます。

欧米における「個」の考え方は、個人の自立を最大の課題としながらも必ず全体社会の存在を前提としています。社会的存在としての人間は、「全体」なくして「個」ではあり得ないからです。結果的に、両者はそれぞれの存在と利害に関して激しく対立せざるを得ません。個人の自立に関わる主張は原則として「権利」の概念として確立されました。これに対して全体社会の中で生きなければならない個人は全体社会を成り立たせるための最小限の役割を果たさなければならないのです。それは社会が個人に要求する「義務」の概念です。権利と義務は相互に相手を排除し合う対立概念ですが、両者は曖昧さを許さぬ論理性を有し、時に個人と全体の対立を処理する法的な概念となります。

このとき、ボランティアの発想は、法律上の権利と義務の概念の中間に位置しています。ボランティアの発想は法論理の上で冷徹な権利と義務を規定する社会規範の間にあって、個々人の感情や主観的な判断を伴う〝人間味〟を付加する考え方です。ボランティアの場合、〝人間味〟とはキリスト教のいう「善き隣人」の考え方に重なります。ボランティアの精神は、個人の権利と社会的義務の法的な論理の間に割って入る宗教的・主観的・情緒的な隣人愛の表現形式なのです。角田四郎氏がボランティアの語源を尋ねたとき、大阪のキリスト教会のボランティアの方が、教会にパンフレットがある、といって次のように紹介しています。「古代ギリシャ語で、自発的な公の行動ってことらしいですよ。それを書いたパンフレットが教会にありますから、今度お持ちします」*。教会が大切にしていた「自発的な公の行動」という概念こそ聖書が紹介する「善きサマリア人」の事例です。**「隣人愛」の授受は社会生活上の権利でも義務でもありませんが、「自発的な公の行動」といわれてみれば、それこそが古くて新しい「公共」なのだと得心がゆくのです。

＊角田四郎『一人でもできる地震・災害ボランティア活動入門』ふきのとう書房、二〇〇六年、一〇四頁。

＊＊「善きサマリア人」のたとえは、人間の善意と自発的な行為の話です。登場人物は三名：宗教的指導者のユダヤ人と家柄のいいレビ人と当時のユダヤ人と対立していたサマリア人です。聖書は詳しく記録してはいないのですが、旅の途中に追いはぎに襲われた人が道で倒れています。そこに、まず祭司が通りかかります。エルサレム神殿で祭儀を司る、非常に地位の高い人でした。しかし、倒れている人を見ると、道の向こう側を通っていったというのです。続いて、祭司を多く生み出す家柄の高いレビ人が通りかかるのですが、この人も同じように、道の向こう側を通っていくのです。三番目に、サマリア人が通り掛かります。このサマリア人は、道端で倒れているユダヤ人に目を留めて、憐れに思い、近寄って傷に油とぶどう酒を注ぎ、包帯をし、自分のろばに乗せ、宿屋に連れていって介抱し、その代価をはらったというのです。さらに、一度はその場を離れるものの、「費用がもっとかかったら、帰りがけに払います」とまで約束したというのです。ユダヤの司祭もレビ人も、トラブルに関わりたくなかっただけで、当時の社会の法律上の義務を怠ったわけではありません。しかし、社会的共生は法律上の権利と義務の考え方だけでは実現できないということは明らかでしょう。しかも、当時のサマリア人はユダヤ人と敵対していたという事情が隣人愛の行為の意義を際立たせているのです。「共生」は人間の善意と自発的な行為によって支えられ、サマリア人の「隣人愛」は「自発的な公の行動」と呼ぶにふさわしいのです。

これに対して日本社会における「相互扶助」や「勤労奉仕」の概念は伝統的共同体が必要とした「共益」を前提とした義務的観念です。共同体の強制力を離れて「おたがいさま」や「おかげさま」のように助け合いの精神に進化したあとでも、「恩返し」や「義理」の観念から自由ではありませんでした。日本人の助け合いが「共益」を前提とするということは、助け合いの行為は個人の自立とは関わりないということです。共同体文化では個人と全体は原理的に対立関係にはないという建前・前提がありました。個人の利益と全体の利益は相互に重なり合い、原則として、個人は「共益」に敵対するような権利を主張せず、共益を前提とした義務は原理的に個人の権利を侵害しないはずであるということになっていたのです。換言すれば、原則として、個人の主体性は共同体の共益に従属し、個人の事情を主張して共同体の利益に対抗することは許されなかったのです。両者の決定的な違いは「個」の優先順位の違いなのです。

ボランティアは個人主義を原点とした概念であり、共益や共同という集団主義を前提とした概念ではありません。ボランティアは、個人と全体が対立する社会において、個人と社会の拮抗をやわらげ、個人を社会（隣人）に結合する共生の概念として登場したのです。

現代の日本社会が「新しい公共」と呼び始めた社会貢献の事業はかつての共益優先の社会には存在しなかった方法といえます。

4　神との約束――個人の選択と主体性

社会の最小単位を個人に置き、その個人を全体社会から独立の存在として認知する個人主義の考え方は、大きく一神教・欧米の場合はキリスト教が生み出したものと考えて間違いないでしょう。個人は神の前の個人であり、社会は共同生活上必要となる人工的な仕組みに過ぎません。それゆえ、社会は個人と全体との「契約」によって成り立つという社会契約説の考え方が提起されたのです。「おたがいさま」や「おかげさま」を前提とする共益社会の相互扶助の精神や奉仕の概念と異なり、ボランティアにおける奉仕の概念は個人と共同体との関係から生まれたものではなく、個人と神との関係から生まれたものなのです。

キリスト教において、人間がこの世にあるのは神の思し召しの結果であり、恩寵の証です。ボランティアは神の恩寵に対する信仰実践としての隣人愛です。神の恩寵と愛に報いるため、人間は力を尽くし、世のため、隣人のために働くという思想です。隣人愛は神の承認を得るための信仰実践です。日本では神や仏にすがって生きるという感性は存在しても、神や仏のために生きるというような感性は日常化しませんでした。日本人の相互援助は共同体の現世利益を前提とし、現世の承認を得るために行われたといって過言ではないのです。現代の助け合い思想のコミュニティ版として制度化された「地域通貨」の思想も、善行賞や功労賞の発想も共益への貢献の度合いに応じて報いるという考え方によって制定されたものです。共同体的組織における「永年勤続表彰」の思想はその典型といっていいでしょう。

欧米型のボランティアに登場する個人は、原理的に、人間同士の相互扶助を前提としているのではありません。彼らの行為は、「神の意志」の実践であり、「神の意志」への服従を前提としています。神の命じる「隣人愛」を実践するため絶対者の前の個人として立とうとしているのです。上記に紹介した大阪のキリスト教会のいう「自発的な公の行動」も神の言葉として信者が守ろうとしている隣人愛の教義です。

この場合、社会も隣人も、神と人間との媒介物であり、社会に貢献し、隣人に奉仕することを通して神の恩寵に対する感謝という信仰実践を意味しているのです。

5　信仰実践としての「隣人愛」

キリスト教文化圏におけるボランティア活動は、隣人愛の日常的実践です。筆者はアメリカで暮らした五年の間、家族と一緒にさまざまな教会の日曜礼拝の説教を聞きました。説教は繰り返し信仰実践としての「隣人愛」を訴えていました。セツルメント活動から各種の募金まで、隣人愛の実践は神の御心に適い、ボランティアは信仰の教義に応える行為なのです。信仰実践としての隣人愛は教会及びその関係団体の徹底した布教と情宣活動によって、筆者が観察したアメリカ人の日常生活に浸透しています。ボランティア活動は多くのアメリカ人の行動を律する宗教的信条として日々の規範の中に根を下ろして機能しているのです。

どの関連書を読んでも、ボランティアの基本原則は「主体性」であると書いてあります。神との約束も信仰実践も当然個人の主体性に発します。ボランティアが信仰実践としての隣人愛であるとすれば、活動の第一原則が「主体性」であるというのも頷けることでしょう。実践に関わる本人の選択は、自覚の程度に差異があったとしても、個人の観念の中では自分と神との主体的「約束」であるということができるのです。

これに対して、日本の社会的風土には、人間相互の助け合いの約束は存在しても、「神仏との約束」は極めて希薄であった（である）といって過言ではないでしょう。確かに、「布施」とか「慈悲」とかの宗教教義としての概念は存在しますが、日本人大衆の日常の信仰実践にまで高められたことはありませんでした。布施も慈悲もボランティアと同じような日常的な隣人愛の信仰実践としては普及しなかったということです。「葬式仏教」とか「苦しい時の神頼み」という言い方がその傍証です。日本人は「他者への奉仕」を神仏と「約束」したことはないのです。換言すれば、日本人にとって欧米の信仰に匹敵するボランティアの内面的動機は存在しないのです。日本の伝統的共同体は、仲間の助け合いや共益を共有する帰属集団への奉仕を強調しました。しかし、日本の宗教は、信仰実践として「一般的他者」に対する「隣人愛」を自らに課したことはなかったのです。それゆえ、日本の助け合いや相互扶助は、共同体の境界を越えて「一般的他者」に及ぶことは稀でした。共有した「共益」の範囲は、個人の帰属する地縁や結社の縁に由来する「仲間うち」のことに限定されてきたのです。それゆえ、ボランティアを「奉仕者」と訳しても「有志」と訳しても、奉仕や志の範囲は限定され、広く「一般的他者」を対象とする普遍的隣人愛を意味することにはならないのです。換言すれば、日本語にはボランティアの概念を直訳的に表現する歴史的・文化的・宗教的背景が存在しないのです。

6　日本文化の中のボランティア類似思想

日本文化の中で欧米のボランティア思想に最も近いと思われるのは伝教大師の「一隅を照らす」という発想です。「一隅を照らす」とは伝教大師最澄の『山家学生式』に記されている言葉です。山家学生式では、「国宝とは道心なり」といい、「道心ある人とは、一隅を照らす人」だといい、「己を忘れて他を利する」は、「慈悲の極みなり」といっています。この場合の「他を利する」とはキリスト教のいう「隣人愛」に匹敵し、宗教の枠を越えて奉仕の対象を人間一般に普遍化することができます。その点で、布施や陰徳の概念より幅広くかつ実践的です。ちなみに「布施」は三種類に分れています。第一は、「法施」で、仏法を説き聞かせて精神的な施しをするという意味です。第二は、難しい言葉ですが、「無畏施」と呼ばれ、不安を抱いている人に対して安心を施すことだといわれます。第三は、いわゆる日常語の布施で、正確には「財施」と呼び、お坊さんに金品をさしあげることを意味します。いずれも仏教の枠の中のことで、「他を利する」という普遍概念にはいささか遠いのではないでしょうか。

また、「陰徳」を積むという考え方も広く伝わっています。「陰徳積善」という四文字熟語の通り、人の見えないところで善行を積むという意味ですが、調べていくとあからさまな自己表現を嫌う日本文化の「美学」に近い感性であり反語は「陽徳」です。さらに「陰徳墓」のように陰徳を積んだという記しを残すという点で奥ゆかしい反面どこか偽善の臭いもします。

かくして仏教理念が社会運動的な思想に高められていなかったためでしょうか、東洋哲学者の安岡正篤氏は、伝教大師の思想を日々の行動目標に標語化しています。「一灯照隅　万灯照国」という表現がそれです。一人から始まる社会貢献の思想が全員に広がったとき、その光りは国家を照らすという意味でしょう。伝教大師の教えの素晴らしい要約であり、和製ボランティア・スピリットであるといっても間違いではないと思います。アメリカの国づくりが「フロンティア・スピリット」から「ボランティア・スピリット」へとスローガン化されたように、隣人愛を基本とした人々の社会貢献は国家社会の基礎を築くという点で「一灯照隅　万灯照国」の思想と共通しているのです。

しかし、こうした発想もまた日本社会に広く根づくことはありませんでした。

4 日本型ボランティアの誕生

「日本型ボランティア」とは、神への奉仕でもなく、他者への施しでもなく、日々の孤立や孤独の不安を回避し、「自分の」生き甲斐や他者との絆を模索する社会貢献活動の総称です。多くの人が阪神淡路大震災時の救援活動が「ボランティア元年」であると指摘しているように歴史は浅く、非日常的でファッション性の高い新しいライフスタイルです。平成一〇年施行の「特定非営利活動促進法」によって活動基盤を得たNPOは労働とボランティアを並立させた「日本型ボランティア」の組織的活動の推進役です。

1 神への奉仕でもなく、他者への施しでもなく

カタカナのままのボランティア文化は、外来語ですから異国の文化です。しかも、ボランティア思想が中核とする「隣人愛」は宗教的思想です。それゆえ、ボランティアが「日本化」されるためには、

日本社会にも個人の主体性に基づく「隣人愛」が不可欠となる社会的条件が発生したと考えざるを得ないのです。その条件こそが大量に発生した「さびしい日本人」でした。「さびしい日本人」は、孤立や孤独を免れるべく必死に人間関係のぬくもりや己を支える絆を求めました。その試行錯誤の中でボランティア活動に巡り逢ったのです。多くの日本人が自らの生き甲斐や絆を探求する中で、ボランティアこそが個の自由と相互扶助のやさしさを同時に実現できる活動であることを発見したのです。ボランティアは、自分の自由や自発性を損なうことなく、共同体の衰退によって失った人間のやさしさを取り戻すことができることに気づいたのです。繰り返し述べた通り、ボランティアは、日本に土着の文化ではなく、多くの日本人にいまだ耳慣れない異国の文化です。日本人のボランティアは「神との約束」でもなく、信仰実践でもなく、昔の慈悲や施しでもありません。しかし、日本人が「自分流」の生き方を主張し、「個」の時代を選択したときから、日本型の隣人愛は共同体の集団的相互扶助に代わる新しい「やさしさ」を創り出すことができると気がついたのです。それゆえ、新しく登場した隣人愛は日本型ボランティアと呼ぶべきなのです。

従来の慈善や施し、博愛や相互扶助に代表された「奉仕」の発想は、日本型ボランティアの時代に入ってより広範囲の「社会貢献」や「社会参画」の思想に発展していきました。活動の主体は特定組織や共同体の成員から市民社会の個人へと変質したのです。

新たに日本人が受け入れたボランティアの精神は、伝統的共同体の境界や会社共同体のような特定組織の枠を越えて、阪神淡路大震災のような自然災害に多くの善意を結集させました。その後に起きた、福井沖のナホトカ号重油流出事故の際にも再び多くの人々を結集させました。このような自然災害や事故を契機として、日本人が希求する人間関係は、共同体の地縁に基づく結びつきから、「志の縁」や「活動の縁」を基盤とする連帯を求める活動に転換しました。活動者は、自らの自由と個人主義を基本とした主体的な人々です。活動の目的は、生き甲斐と絆を探求し、労働とは別種の生きる意味を見出すことです。この意味で日本型ボランティアは「双利共生」的（野村総研）です。寄生する動植物がお互いに利益を享受する場合、双方に利益があるという意味の言葉です。英語のミューチュアル・ベネフィットを訳して「互酬性」*と呼ぶ人もいます。お互いにプラスになるという意味で最近は「ウィン－ウィンの関係」と呼ぶ人もいます。ボランティアをする側にも、ボランティアの支援を受け入れる側にもメリットがあるということです。この時点で、日本型ボランティアは、共同体の地理的・組織的範域からも、「報恩」や「義理」の観念的しがらみからも解放されたのです。

*土屋雄一郎氏は社会的交換における双務的で、均質的な性質のことを互酬性と呼んでいます。「事業・行為としてのNPO・ボランティア」川口清史・田尾雅夫・新川達郎編『よくわかるNPO・ボランティア』ミネルヴァ書房、二〇〇五年、四八頁。

すでに、「緑のボランティア」があり、難民支援のボランティアがあり、「国境なき医師団」があるように、人々の意識は共同体はもとより、国家や地域の枠を越えて人間相互の助け合いを通した交流へと広がっています。カタカナのまま輸入された異国のボランティア活動の理念と方法は、個人となった日本人に初めて受け入れられたのです。時を同じくして、多くのNPO活動が非営利の「社会貢献」を目標とする「市民活動」として誕生しました。日本社会がＮＰＯ法を制定したのは、遅まきながらボランティアの社会的意義を認知し、その活動を組織化するためでした。当初、ＮＰＯ法のために構想された法律名が「市民活動促進法」であったということは誠に象徴的だったのです。ＮＰＯが認知されて、従来の共同体ではまさに実行不可能であった、不特定多数を対象とする数々の社会貢献活動が実現しました。活動者は、思想や志を同じくする市民です。共同体から離れた「さびしい日本人」は、個人から出発し、それぞれに自分の生き方を探しましたが、今は、ＮＰＯ法の誕生によって「志縁」の人々と連帯して、組織的な「社会貢献」活動ができるようになったのです。

この時点で日本人のボランティアもＮＰＯ活動も、共同体に代表された地縁を離れ、個人をベースとし、共生の「やさしさ」を希求する欧米型の「隣人愛」の実践に相当する普遍性を持つようになったといえます。

2 「自分のための」ボランティア

(1) 神仏と約束していないボランティア

孤立と孤独を免れるべく、試行錯誤の末に、さびしい日本人が辿り着いた連帯の方法論こそが欧米型のボランティア思想に重なりました。既述の通り、ボランティア活動は、もともとキリスト教文化の神と個人の契約に基づいた信仰上の「隣人愛」を原点としています。欧米のボランティアの歴史をひもといて、語源は「善意」を意味するラテン語の「ボランタス*」だといわれても、聖書に出てくる

「善きサマリア人」の話や「志願兵」の歴史や物語を引いて、「志願」や「自発性」を意味するといわれても、長い間、日本に欧米流のボランティア活動は広がらなかったという事実に注目すべきです。過去、個人のボランティアは「ものずき」や「ええかっこし」と同じような扱いを受けた時代が続いたことは多くの体験者が語るところです。この間、日本人に「善意」がなかったわけではありません。日本人が相互の助け合いをしなかったわけでもありません。ただ、私たちの助け合いは神や仏を原点とせず、共同体文化を原点としました。目的は集団の共益の維持です。すなわち、個人の意志を原点とせず、特定の集団の慣習を原点としたのです。その原点が崩壊しつつあるがゆえに、生き甲斐や絆を求める生き方として日本型ボランティアが登場したのです。ボランティアを組織化し、労働と並立するNPO活動もますます盛んになりつつあります。日本型ボランティアの最大の特徴は神仏と約束していないボランティアなのです。換言すれば、「自分のための」ボランティアなのです。

＊藤野信行『ボランティアのための福祉心理学』NHK出版、二〇〇〇年、一八頁。

もちろん、異文化が生み出した方法を自分の生き方に援用した背景には、現代の日本人がおかれた複数の事情が存在します。以下は日本型ボランティアが登場した理由であり、その特性でもあります。

第一は「選択性」です。自分の人生は自分で選んで生きたいという願望が時代の主流となりました。近年の参考書はボランティアに参加するに際して「献身」や「自己犠牲」を古い発想であるとし、「捨ててしまおう」と呼びかけています。＊ 極論が許されれば、ボランティアの語源である「善意」を捨ててしまおう、というのです。主要な目的は「やりたいこと」をすることであり、「好きなこと」、「楽しいこと」から始めることであり、「生きがい」に繋がればさらによしとする考え方です。現代人の生き方は「自分流」です。自分の価値観を貫き、自己の感性に正直に生きることが理想の自分らしさであると考えるようになっているのです。共同体が衰退し、隣近所の付き合いが崩壊し、また隣近所の付き合いに縛られたくないと思えば、自らが選択し、自らが工夫した人間関係を創り出さなければなりません。「自分らしさ」は現代の理想のスローガンになったのです。

＊小野博明編著『ボランティア・デビューのすすめ』旬報社、二〇〇四年、二八頁。

それゆえ、第二の理由は「主体性」です。自由な日本人が選択する人生は「主体的」でなければなりません。「主体的」とは、自らが納得できる生き甲斐のある日々を生きるという意味です。欧米文化が主唱してきたボランティア思想の第一原理は、「主体性原則」です。「主体性原則」は、自分が選択の主体であるという点で「さびしい日本人」が希求するものと一致しました。

第三は、現実問題として、人生の孤立と孤独を回避したいという理由です。共同体から離れた自由な日本人は、自らの選択によって他者と繋がらない限り、誰もかまってはくれません。「他律性」こそが「孤独な群集」の最大の特性です。したがって、行政サービスの下受け的機能として位置づけられた町内会のような擬似的共同体が、感性や思想を共有する人間の連帯に繋がる可能性はほとんどありません。このことは「他律的」に行政が音頭をとる子ども会から町内会まで、あらゆる近隣活動が崩壊し続けていることが雄弁に物語っています。
さらに、疑似家族のようであった会社共同体も大きく様変わりしました。もう旧来の組織は個人を守ってくれなくなったのです。自らの活力を維持し、人々との連帯を形成するためには「自律的」で、しかも社会に「貢献する」活動の工夫が不可欠になったのです。自主独立の「自律的な社会貢献活動」こそが、最も確実に世間に受け入れられ、他者の感謝を得ることができるからです。「社会貢献」とは人々の「役に立つこと」です。「役に立つ」からこそ拍手と承認を得られるのです。本家本元のボランティア文化の出発点は「隣人愛」ですから、あらゆる社会貢献は原理的に活動の中身が一致するのです。「隣人愛」の方法も「社会貢献の原理」も関わる人の数だけ多様です。参考書は、活動領域を「保健・医療」、「社会教育・まちづくり」、「環境保全」、「地域安全」、「人権擁護・平和推進」、「情報化支援・経済発展」、「職能開発・雇用促進」、「消費者保護」などの分野に分けています。*活動の機能面に着目すれば、「安全管理・清掃奉仕」、「介護・介助奉仕」、「病院奉仕」、「教育・学習指導」、「スポーツ・レクリエーションコーチ」、「募金」、「収集・リサイクル」、「制作・創作－奉仕・指導」「救援・防災奉仕」、「自然保護」などに分類可能です。

*川口・田尾・新川編『よくわかるNPO・ボランティア』前掲書、五四～一〇六頁。

第四の理由は、人生の意義を納得するためには、「やり甲斐」の自己確認が不可欠になったことです。自己確認とは「社会的な承認」を得ることです。人間は自己満足では己の達成感を満たすことはできません。日々の充実を実感するためには、己の人生の意義を社会的に確認できなければならないのです。隣人愛や社会貢献を原理とするボランティアは、自分の行為を他者と世間が承認してくれる意義ある活動です。活動の成果は人々の感謝と賞賛によって確認することができるのです。ボランティアは多くの日本人に耳慣れないカタカナ文化ですが、その行為は間違いなく社会の承認が得られています。ボランティアが共同体的人間関係の衰退とほぼ平行して現代の日本人に浸透し続けているのはそのためです。

(2) 情けは人のためならず――双方向の情緒的交流

『シニアライフ大百科』には、ボランティアは「世のため」、「人のため」、「自分のため」を目的とした活動であると簡潔な定義がありました。* 定義の簡潔性には大いに賛同しますが、目的の順番がちがうのではないかと感じました。日本型ボランティアは、「さびしい日本人」が辿り着いた結論ですから、まず「自分のため」が先で、活動の「方法」として「世のため」、「人のため」が続くのです。「神との約束」や信仰上の「信条」を持たないので、自分が生き甲斐を感じることが先決であり、自分が納得しないことは続かないのです。上記の書が「自分ができるボランティアの見つけ方」という特別項目を設定して解説しているのはまさしく自分の納得、自分の満足、自分のあり方が日本型ボランティアのカギだからなのです。**

*堀田力監修『シニアライフ大百科』二〇〇八―二〇〇九年版、法研、二〇〇七年、一三六頁。

＊＊同書、一三八〜一三九頁。

日本型ボランティアの出発点は、文字通り、「情け」は「人のため」ではありません。「情け」は「自分のため」なのです。ボランティアであると否とにかかわらず、人間を対象としたあらゆる社会的活動がもたらす反応は双方向的です。あなたの働きかけが相手に受け入れられようと、受け入れられまいと、また、好き嫌いや善意か悪意かにかかわらず、相手の反応は返って来ます。たとえ、具体的には「無反応」に見える場合ですらも、「無視された」という「反応」になります。もちろん、ボランティアのように他者の必要に応え、他者の存在に尽くす活動は基本的に感謝や喜びの反応として返って来ます。ボランティアの実践者にとって、実際の活動の成果に優るとも劣らぬ重要性を持つのが他者の好意的な反応です。その他者から放射される感謝や喜びの反応こそが実践者の「役立ち感情」を保障します。自分の思いが相手に通じて感謝や喜びをもって迎え入れられるということは双方向の情緒的交流を意味します。社会貢献や他者への支援を活動の原理とするボランティアは疑いなく世間や他者の拍手や感謝に励まされて、一層活気づけられるのです。あらゆるボランティアは原理的に活動者の「社会的承認」に直結しているといえます。

共同体が衰退し、共同体的人間関係を失って大量に発生した「さびしい日本人」を突き動かしたのは「社会的承認」の欲求だったのです。人々が欧米文化を発生源とするボランティアの精神を徐々に受け入れ始めた最大の理由は、人間同士の「双方向の情緒的交流」への枯渇感にあります。換言すれば、ボランティアとしての貢献、それに対する他者からの「感謝」、世間の「賛同」は必ず「双方向の情緒的交流」を生み出し心の渇きを癒してくれるのです。日本型ボランティアの原理こそ「情けは人のためならず」なのです。求めたものは人間の「絆」でした。絆を構成するものは、相互の共感を基盤とする温かい人間交流です。人々はボランティア活動を通して、〝温かい〟情緒的交流を求めたのです。ボランティア活動の中に、かつての共同体の共同作業や共同行事が育んだ近隣一体が相互に支え合う機能に匹敵する、双方向の情緒的交流を見出すことができたのです。

事実、多くの人々がボランティア活動を通して己の存在意義を実感していると語っています。働きかける対象との共感的人間関係を確認できているとも語っています。彼らが語るところを聞けば、社会貢献の成果と同等の重さでボランティアが「自分のための」活動になっていたと実感していることがわかります。すなわち、多くの人々がボランティア活動に関わることによって、初めて、自分が必要とされていること、役に立っていること、感謝の対象であることを自覚しているのです。これらの自覚は、やり甲斐の実感であり、自分の行為の存在理由の自己確認になっていることは言うまでもありません。

日本型ボランティアは、生き甲斐のある人生を探し求めた人々が試行錯誤の果てに辿り着いた結論の一つなのです。

他者による「感謝」や「承認」は、ボランティア本人の生き甲斐となり、他者との人間的絆の形成に繋がっています。換言すれば、ボランティア活動の参加者は、活動成果と交流を通して、人々との共感関係を深めており、翻って、働きかける対象の肯定的な反応と感謝の気持ちを糧として己の日々の生き甲斐を支えているのです。まさしく「情け」は「人のためにしているのではなく」、「自分のため＊」にしているのです。

＊情けは人のためならず――文化庁調査では、このことわざの日本人の解釈は二様になりつつあるそうです。「ためになる」を否定すれば「ためにならない」であり、「下手に情けをかけるな」という解釈になります。一方、「ためにやる」を否定すれば「ためにはやらない」となります。古語は後者であり、親切は「人のためにやるものではない、自分のためだ」が正解だと辞書にあります。日本型ボランティアは「ことわざ」を本来の意味に戻したといっていいでしょう。

角田四郎氏は、ボランティア活動を通して「得るものを求めてはいけないか」と問いかけています。＊当然、彼自身「得る」ものがたくさんあるからです。角田氏の体験の中で、人々は災害の被災者支援活動を通して、無力感に苛まれながらも巨大な共通の目標に向かって、同志となり、絆を形成し、感動を共有する過程を生き生きと語っています。日本人もまた、「情け」は巡り巡って「自分に廻ってくる」と考えていたのです。人のために尽くすということが、結局は自分のプラスとして返ってくるということは日本人の処世訓の根幹にあり、「日本型ボランティア」の極意でもあったのです。「情けは人のためならず」に限りません。共同体が課した「報恩」の慣習に縛られることがなくなれば、「おかげさま」や「おたがいさま」も日本文化の中の自由な相互支援を推奨する思想となり、ボランティアの社会貢献の発想に繋がったのです。「出世払い」の「恩送り」は、すでに死語となり、現代ではほとんど使われなくなった表現ですが、他者への支援を世代間の相互支援に転換した伝統的な発想です。思想の底流において、国境や世代の境目を意識しないボランティアの精神と共通している一例です。ちなみに「恩送り」とは、恩を受けたご本人以外の第三者へ恩を「送る」という意味です。**

*角田四郎『ひとりでもできる地震・災害ボランティア入門』ふきのとう書房、二〇〇六年、一〇二頁。
**長谷川真知子氏は「恩送り」が他者貢献に繋がるという予感を指摘しています。細内信孝編著『団塊世代の地域デビュー心得帳』ぎょうせい、二〇〇七年、二八~二九頁。

筆者の若い頃には、出世払いでごちそうをしていただいたときなど、親切をしてくれたご本人へ恩を返す代わりに、次の若い世代を育てることに意を尽くせなどと言われたものでした。「相互扶助」や「報恩」などの価値観も従来の共同体の慣習から切り離せば、狭い人間関係の「貸し・借り」や「義理」の観念から自由になります。「おかげさま」から「恩送り」まで、不特定な他者への支援というように解釈の幅を広げることができれば、普遍的隣人愛やボランティア・スピリットに通じるのではないでしょうか。「おかげさま」や「おたがいさま」が地域や世代や国境すらも意識しなくなったとき、「恩送り」の処世訓もボランティアの精神と同化させることができるのです。日本型ボランティアの文化は、基本的に宗教色を持たない代わりに、共同体の歴史が紡いで来た日本文化の処世訓を生かすことができるのです。共同体に特有の相互干渉や相互束縛の慣習を払い落し、選択制のボランティアを導入できれば、「おかげさま」や「おたがいさま」は世界に通用する普遍的社会貢献思想に昇華し得るのです。英語にも「A kindness is never lost（親切は決して無駄にならない）」という表現があるそうですが、この英語の格言を「『おかげさま』は死なず」とか、「『おたがいさま』は消えず」と訳しても、当たらずとも遠からず、というところでしょう。人間の文化は底辺のどこかで繋がっているということなのだと思います。

参考にした多くのボランティア資料が活動の「注意事項」を列挙しています。注意事項のほとんどは「人助け」を前提としています。しかし、人助けの条件を学んでも、内的動機がなければ人は実践には踏み出しません。「善意」や「思いやり」や「肩書きをはずす」ことなどを「わかった」としても大部分の人は実践に踏み出しません。座学研修や読書を通してボランティアの意義や注意事項を理解した人は山ほどいるはずですが、日本型ボランティアは自分の生き方を探求する願望の強さが原動力です。実践のためには、自分を突き動かすものが不可欠です。自分の現状を知り、足りないものを分析し、何をやりたいのかをはっきり見極めることが先決です。お叱りを恐れずにいえば、高齢者学級もボランティア講座も座学の中から社会貢献の実践者を生み出すことはほとんどありません。座学研修の受講者の多くは、学習の意欲はあっても、実践の動機を持たず、現在の自分に自足しているからです。しかし、実際の貢献活動を体験してみれば、受益者の反応が返ってきて、身の回りになかった意味が一気にわかり、価値がわかり、態度が変わるのです。ボランティアの価値は実践を通して「体得」するしか方法がないものの一つだからです。筆者は山口県や北九州市若松区の体験研修を通してその過程を検証して来ました*。知識の学は頭で理解することで終わりますが、実践の学は実際にやってみて体得しなければ「腑に落ちる」ところまで行きません。生き甲斐もやり甲斐も「耐性」や「痛み」などと同じく、体験したことのない人にはわからず、実践を通さない限り体得できない感覚なのです。

＊山口県生涯学習推進センター「やまぐちライフ・アカデミー推進事業報告書」及び北九州市若松区「若松未来ネット事業報告書」、ともに平成二〇―二一年版。

日本型ボランティアの実践に踏み出すエネルギーは、孤立と孤独への不安が原点です。それゆえ、なによりも自分の生き甲斐と人との絆にハングリーで、共感的な人間関係を希求している人々から生まれます。現代は、人それぞれ生きたいように生きることが可能になった自分流の時代です。ボランティアを思い立ったら、活動の注意事項を読む前に、まず自分がどう生きたいのか、何を求めているのか、その確認から始めなければなりません。

どのような調査項目で調べたのかわかりませんが、日本がボランティア先進国になりつつあるという指摘を時々見受けます。調査項目には「まちづくり」や「環境保護」のような活動が入っているので、おそらく、統計数字の中には、町内会型の一斉清掃、共同体文化の美化運動、募金活動などがごっちゃに混じっているのだと想像しています。町内会の清掃作業やまちづくりと名のついた共益行事への参加を日本型ボランティアとしてしまえば、参加人数は相当の数字になるでしょう。しかし、日本型ボランティアの実態はいまだ貧しく、参加者もまだまだ少数です。「参加率では世界第三位、日本人の三～四人に一人がボランティアをしている」＊などという記述を見ると〝勘違い統計〟だと思わざるを得ないのです。

＊ボランティア情報研究会『熟年だからボランティア』学習研究社、二〇〇二年、三〇頁。

(3) 神の代わりに人が認める——社会的承認の重要性

共同体の衰退は共同体に内包された人間関係の喪失を意味します。個人の権利や個人の利便を優先して、共同体の束縛や干渉を拒否した結果、多くの日本人は、共同の作業も共同の行事も喪失しました。結果的に、共同体的人間関係を失った新しい近隣社会では、バラバラになった個人が為す術もなく、従来の共感的人間関係や連帯を見失い、それに代わり得る新しい人間関係を創造することに失敗しているのです。

「自分流」に生きることを主張する自由な個人にとって、共感的人間関係や連帯を実現できるか否かは他人事ではありません。共同体を拒否した以上、自らが他者に働きかけなければ共感も連帯も得られるはずはないのです。自由な個人とは共同体的人間関係の裏返しだからです。近年の日本社会は、共同体を離れたバラバラな個人の長い模索と試行錯誤が続きました。最後に、日本型のボランティアの実践に辿り着くまで、「さびしい日本人」を大量に生み出し続けているのです。その時「さびしい日本人」が失ったものは、社会心理学的に見れば共感的人間関係です。共感的人間関係とは、個人を取り巻く、好意的な人間関係の総体です。好意的な人間関係に囲まれて初めて人間は居場所を見出し、ほっとすることができます。個人に生き方の社会的承認をもたらすのも、絆を感じさせてくれるのも自分を取り巻く好意的な人間関係です。

ボランティア活動が活動者自身を支えることになるのは、他者への貢献が共感的人間関係を創り出し、人々の感謝や好意が結果的にあなたに「社会的承認」を与えることになるからです。一言でいえば、現代の日本人は、共同体の干渉を嫌って、自由と自立を模索した瞬間から「自分のため」だけに生き、他者のために生きることを止めました。その結果、あなたに感謝する人も、あなたと志を同じくする人もいなくなりました。共感的人間関係の希薄化が続いた（続いている）ことは当然の結末でした。個人のよりどころはとりあえず近親の家族だけになったのですが、その家族ですらも個人を優先したわけですから、ひとたび家族にトラブルが生じたときはまったくの孤立無援になります。「ホテル家族」と呼ばれるようになったバラバラな家族はそのはしりでした。「さびしい日本人」の大量発生を顧みれば、大部分の人にとって自由と自立を飼いならして主体的に生きるということは極めて難しいことだったことがわかります。特に、高齢社会は「さびしい日本人」の存在を際立たせました。地域デビューすることのできない退職者、他者との会話もない高齢者は「さびしい日本人」の孤立を象徴しています。定年後・子育て完了後の生涯時間が二〇年にも達した今、周りに共感的人間関係を持たない個人の孤立と孤独はより一層顕著になりました。今や、社会的活動を離れた高齢者の多くが「居場所」も好意的な人間関係も失いつつあります。メディアは「無縁社会」などと呼ぶようになりました。社会に参画せず、ぶらぶら暮らしている老人に共感を感じる人は少なく他者からの好意的な反応を得ることも稀になります。高齢者にとって、自分本位の安楽な余生がいかに危険なものかが明らかになりつつあるのです。

長生きして、生き残れば生き残るほど、自分に先立つ人は多くなります。職場を離れれば、職縁の仲間を失い、子どもが独立すれば子どもとの距離が遠くなり、親を失えば、血縁の絆は一気に弱まります。伝統的共同体が消失した現代の日本にとって、もはや、「地縁」はほとんど頼りになりません。それゆえ、加齢に伴う人間関係の貧困化を放置すれば、あなたを取り巻く好意的な人間群は確実に消滅するのです。仲間を見つけ、共感的人間関係を築こうとすれば、意識的、主体的、計画的に、従来の「縁」に代わる「新しい縁」を探し続けなければならないのです。

「新しい縁」とは「活動」を通して培う縁のことです。高齢期の新しい縁の代表例は、生涯学習をともにした「学縁」、ボランティア活動のように志を同じくすることによって結ばれた「志縁」、趣味・同好の仲好しが形成する「同好の縁」などです。「新しい縁」の形成に共通しているのは、社会的活動です。活動は、必ず参加者の時間と行動を共通化します。それゆえ、活動の縁は、経験を共有することによって培われる縁であり、「同じ釜の飯を食う」ことの縁です。勤めが終了したあとの高齢期に、活動を離れれば、新しい縁と出会う機会を失うということです。中でも、社会の賛同や他者からの感謝を伴う「縁」は、「貢献の縁」です。生き甲斐を探求し、絆を形成する上で、「日本型ボランティア」の意味がますます重要になるのはそのためです。

職業には「労働の対価」が伴います。それゆえ、頂いた給料や賃金は社会的承認の代替になり得ます。社会的に必要とされていることの証明も、自身の存在の意味も頂いた給料や賃金が自ずと証明するのです。社会に役立ち、必要とされているからこその報酬です。しかし、自分本位の私的な活動に報酬はありません。もちろん趣味やお稽古事はたとえ中身のすぐれた活動であっても社会が労働と認知しない限り報酬はありません。

唯一、ボランティア活動だけが「労働の対価」の代わりに、感謝と賞賛を得ることができるのです。私事の趣味活動に熱中しても他者の感謝と賞賛を得ることは期待できませんが、他者のための貢献活動は、「公益」の特性を持つがゆえに世間の承認が得られるのです。それゆえ、ボランティアは「労働の対価」に代わって、生きることの「意味」とあなたの存在の「必要感」や「役立ち感」をもたらしてくれるのです。自分が選択したことでも、自分が決定したことでも、独りよがりでは自己納得を得ることはできません。自己納得を保証するものこそ世間による認知であり、他者からの感謝や賞賛の言葉なのです。私たちは他者に「認められたい」のです。他者による理解と評価は人間が生きていく上で精神の健康を保つ「基本栄養素」といえます。

人間が感謝や賞賛を求めるという「欲求」については、好悪や是非についてさまざまな意見もあるでしょうが、心理学は「社会的承認の欲求」と呼んで、人間が生きる上での重要要件と認めて来ました。

欧米型のボランティアは、神と個人との関係を起源とし、信仰上の教義に従い、隣人愛を具体的に実践します。それゆえ、その活動を第一に見ているのは「神様」で、次に見ているのが世間です。それゆえ、信仰の厚い人は他者の拍手がなくても、社会の賞賛がなくても自分の生き方は揺らがないのでしょう。もちろん、欧米社会においても、教会や各種の社会貢献の団体が個人の行為を認知し、評価します。いわば、神と現世の二重の承認システムが存在するのです。これに対して日本型ボランティアは神仏との精神的契約ではありません。そのため神の代わりに人が認めるシステムが絶対的に不可欠なのです。にもかかわらず、日本社会には個人をベースとした新しい社会貢献活動を認知する考え方は希薄でした。教育にも、社会システムにも、日常の慣習にもボランティアを当然とする発想はいまだ存在しません。逆に、ボランティアは「ええかっこし」や「ものずき」がすることだという時代が長く続いたのです。

3 「非日常性」と「ファッション性」

(1) 選択的特別活動

日本型ボランティアの歴史はいまだ浅く新鮮でもあります。各地のボランティアの活躍がメディアのニュースに載るのもその存在そのものが「新しい」からです。前述の通り日本型ボランティアは共同体の衰退を裏返した現象です。日本型ボランティアは、共同体を離れた個人が初めて自分一個の選択と決定において社会と関わり始めた活動です。自分のための活動が半分ですから、新しい生き方の自己主張であり、自己表現でもあります。この自己主張はその「新しさ」のゆえに、古い時代への挑戦ともなり、時代の先駆けとして実験的な夢を含んでいます。一度ボランティア団体が関係する集会などに出るとその後、頻繁にお誘いの通信やメールが届いたりします。お誘いは例えば、「人と人との交流を深める企画。社会貢献・NPO・ボランティアに関心がある方でしたらどなたでもご参加いただけます」のような文言が必ず書いてあります。「月イチボランティアしませんか?　『ぼらタイム』へのお誘い」とか「棚田や山林といった豊かな自然環境の保全活動を行っている『○○塾』のみなさんを囲み、活動への思いやこころざしに触れましょう」というようなものです。お誘いのメッセージは、不特定多数の人々の出会いを想定しています。それゆえ、「よろしければ、ご自身をＰＲできるツール（所属先の組織のパンフレット、名刺 等）を、多めにご持参下さいませ」などの添書があったりもします。こうした案内状は近所付き合いの勧めではありません。居住地区の人間関係とは無関係の未知の人間関係を模索しており、日常で顔の見える第一次生活圏の共同体的人間関係とはまったく異なっていることがよくわかります。換言すれば、ボランティアの出会いには極めて「非日常的」な要素が含まれているのです。

福祉分野のボランティア勧誘の呼びかけに「普段着のボランティア」という言い方を見つけましたが、日本型ボランティアの多くは決してふだんの生き方ではありません。ボランティアがまだ「普段着」になっていないことは当然なのです。日本型ボランティアは、いまだ歴史が浅い分、活動者にとっても、受け入れ側にとっても体験することの多くが「未知との遭遇」です。ボランティアをする側にも、受け入れる側にも、どこか「よそ行き」の雰囲気が漂っているのです。時々、自身が参加しているボランティアを名刺に刷っていたり、よそ行きの衣装で会場に登場したりするのも、ボランティアは非日常的な活動だからなのです。そのような方々にとっては、「普段着」ではなく「よそ行き」の意識の方が強いということなのでしょう。ボランティアが「奉仕」であった時代はまさしく「奉仕」が可能な人々の特別活動でした。「特別活動」は、時に「特権」に変わりました。受け手の側が「報恩」の義理を感じたり、活動者の側に「してやっている」意識が生じたりしたのも、「普段着」ではなく、「よそ行き」の活動だったからです。ボランティア活動の本質は普段着の「やさしい」行為を標榜していくものであるとはいえ、現象的にはいまだ日本社会に定着し切っていないのです。ボランティアというカタカナの呼び名も「非日常性」を意識させるのかもしれません。見ず知らずの土地や、初めて会う人々の中で社会貢献活動を行うということ自体、特別で「選択的」な行為であることは明らかです。人は、体力も、意志力も、孤立の程度も、孤独の度合いも、個人が有している特技や知識も皆それぞれに異なります。他者との連帯についての願望の強さはこれらすべての条件の関数です。日本型ボランティアの方法や形態を一律に論じることはとうていできません。活動の「選択」は、一人から始めても、誘われてグループ活動から始めても、人のお世話から始めても、森の手入れから始めても、どこで始めても、何から始めてもいいのです。しかし、日本型ボランティアが「普段着」の活動になるには、青少年の時から始めることが必要で、各種のボランティア振興に関する法律や条例が整えられなければなりません。日本の政治や行政の現状で、ボランティアがふだんの暮らし方にならないのは当然なのです。

(2) 活動の「非日常性」

「ボランティア　晴れがましくも　名刺刷り」。あるボランティアの会合で、裏一面に活動の種類を記した名刺をいただいたときの筆者の感想を川柳にしたものです。会には、阪神淡路大震災がそうであったように、福井沖の重油流出事故がそうであったように、遠くの町で活動している若者もいました。そんな時間とエネルギーがあるのなら、自分の町で働けとか、故郷へ帰って親の手伝いをしろとかいう批判の声も聞こえて来そうです。日本型ボランティアの心理と原理を理解していない人にとっては、「親不孝もの」が遠いところで見ず知らずの他人の手伝いをしていると映るのでしょう。今も共同体的文化に生きているみなさんにとって、おそらく日本型ボランティアは理解困難で不可思議な風景なのに違いありません。

「日本型ボランティア」は、個人に発する主体的で選択的な行為です。それゆえ、集合的で集団的な共同体文化に対するカウンターカルチャー（拮抗文化）なのです。自己決定も、主体的な選択行為も自分が個人に成り切れない共同体的文化、共同体的人間関係の中では実践が困難なのです。それゆえ、多くの日本型ボランティアの方々は自分の知らないところに行くのです。自分の孤立と孤独を自覚した「さびしい日本人」にとってボランティア活動の半分は自分のためだと書いて来ました。彼らは生き甲斐や絆を求めて「自分探し」の途上にあるのです。彼らが日常的空間を離れるのは、生き甲斐も他者との絆も自分の日常には見つからなかったからです。自分の町の奉仕活動も、親の手伝いも、必ず共同体文化の支配下に置こうとする人々がいます。居住地区を離れ、自らの日常を離れない限り、自分が選択・決定できる自由な「非日常性」の特別な感覚は得られないのです。もちろん、自分と同類の「さびしい日本人」と自由に語り合う機会もあるはずはないのです。

カタカナで呼称される日本型ボランティアの活動は、その「非日常性」のゆえに、「地縁」、「血縁」、「職場の縁」など従来の人間関係を生み出した縁の中には存在しないのです。「縁」があるとすれば、それは自分の意志でボランティアに参加するという社会貢献活動の「志の縁」です。日本型ボランティアの魅力の一つは、個人がそれぞれの判断で、自分流の人生を求め、その途上で同じ「志」の人々に出会うという「非日常性」なのです。日本型ボランティアはこれまでの日本人を新しい日本人に変えつつあるのです。ふだんの環境の中では、おそらくやらないこと（やれないこと）も遠く離れた非日常的環境の中で、同じ思いの人々と力を合わせればためらいなくできるのです。「地縁」、「血縁」、「職場の縁」などと関係のない活動の過程でこそ「志縁」の人間関係がさらに深まるのです。この種の体験感覚は体験した人以外にはなかなか通じません。それゆえ、時に、ボランティアが自己の体験を語るとき、内輪だけの話に聞こえます。体験や感動を共有していない人にとっては、時に、「物好き」や「ひけらかし」のように聞こえ、「鼻もちならない」と敬遠されることもあるのです。日本型ボランティアの多くはまだ一般社会に馴染みの薄い新しいタイプの日本人だからです。しかし、その「非日常性」の新しさこそが魅力なのです。「さびしい日本人」にとって外来語であるボランティアの響きに乗れば、新しい自分を試す実験に踏み出すことができます。日本型ボランティアは未知の人々を集わせ、新しい友達と新しいネットワークをつくって新しい活動に入っていくことができるのです。

共同体文化が日本型ボランティアに示す拒否反応の理由は、詰まるところ自由な個人が創り出す「非日常的」な雰囲気と既存集団に背を向けた「選択的活動」への反動ということでしょう。

(3) 人間に認めてもらいたい

社会貢献の行為はほぼ例外なくみんなに喜ばれ、受け入れ組織から大切にされ、拍手や感謝の言葉を浴びることになります。嬉しくて舞い上がってしまうこともあるでしょう。ボランティア活動に限らず、あらゆる社会的活動は約束を履行するための義務を守り、日常の生活における物心両面のやり繰りが不可欠になります。当然、本人の物理的、心理的、時には経済的負担をもたらすこともあるでしょう。一生懸命活動すればするほど「義務負担」の意識も生じます。この意識はおそらく「自分はこれだけの努力をしているのだから、それに見合った評価や感謝や社会的承認の拍手があってしかるべきだ」という意識に繋がっていくのだと思います。もちろん、ボランティア活動に誰ひとり労働の対価を求めることはありません。また、「神が見ている」として教義にしたがって求道・信仰を実践する人の宗教的行為は別の種類の社会貢献です。しかし、宗教を起源としない多くの日本型ボランティアは、人生でがんばった自身の行為に対して、世間の賛同を得、人間に認めてもらいたいのです。「反応」や「見返り」を求めず、「わが信ずるところを行く」というのは立派なことですが、神ならぬ身のなかなか続けられることではありません。

人間のあらゆる活動には必ず一定の負荷がかかります。関係者がいくら建前として普段着のボランティア活動を標榜しても、「負荷」のかからない活動などはありません。主体的で選択的な行為であることは間違いないとしても、努力や無理をまったく伴わない活動は基本的に存在しないのです。それゆえ、「好きでやっている」ボランティアが「努めてやっている」ボランティアに変容するのもまた自然なのです。間違いなく、半分は「自分のために」始めたボランティアも、評価や承認が十分に得られないとき、「してやっている」ボランティアに変質する危険性があり、したがって、いまだ「普段着」になり切れていないボランティアは、その「非日常性」が「特別にがんばっている意識」に変わってしまうことがあるのかもしれません。人々の日常から「浮いてしまわない」ためには、ボランティア自身が己の活動を語る際の意識的自制が重要になるのです。

(4) まぶしいボランティアのファッション性

筆者が担当したボランティアの実践研修の過程でも、新しいボランティアが入ってくると活動の「場」が華やぎます。その一方で、役所の研修で市民がボランティア活動に取り組み始めると担当者がしらけたり、意気込みが変わってくることがしばしば見受けられます。日本の終身雇用制や年功序列制に照らせば、役所の場合、仕事に従事する人の顔ぶれも、仕事のやり方も職場の雰囲気も毎年同じことが繰り返されることが多いと思われます。さらに既存組織の文化は、当然共同体文化の尾を引いていています。そんな場所に、老いも若きも、職業的背景もさまざまな市民ボランティアが登場することは衝撃的です。停滞し、マンネリ化しがちな場を一気に活性化します。ボランティアは多様な人々の集まりであり、主体的で、自主的で、自分流です。既存組織の流儀には簡単に染まらず、むしろ批判的な人々も多くいます。そうした多様な流儀が予想もしなかった発想や雰囲気をもたらすのです。「ボランティアの風」とか「ボランティアのファッション性」と呼ぶべきものです。研修を担当してきた当方の気分も「ボランティアの風」に吹かれて年ごとに意識が変わってきました。今回の研究に際してたくさんの方々のボランティア体験の記録を拝読しました。報告の中身は基本的に個人の体験記ですが、体験記は「挑戦の記録」なのです。それゆえ、多くの体験記が「探検記」や「修行記」、中には「冒険談」、「武勇伝」の雰囲気を醸し出しています。津田政明氏はボランティアを「命の力」だと言い切っています。この世は、「ゴミを捨てる人」、「ゴミが落ちていても素通りする人」、「ごみを拾う人」の三種類の人間でできている、あなたはどれだろうか、と問います。*まるで聖書の言う「善きサマリア人」の話のようです。

*津田政明『ボランティアオヤジ』雷鳥社、二〇〇二年、一七三頁。

ゴミを拾ったことのない人にとっては厳しい問いかけです。共同体の指示なく、自らの判断で「ごみを拾うこと」もまた他律と同調に慣れた「さびしい日本人」には人生の「挑戦」だったのです。日本型ボランティアは本人の自覚の有無にかかわらず共同体文化に対する自立した挑戦者の生き方なのです。氏の体験記『ボランティアオヤジ』は、ボランティア体験記という以上に、いささか大上段の「武者修行記」と言えなくもありませんでした。さびしい日本人が共同体の温もりを出て自分を試したボランティアはまさに現代の探検であり、冒険に近かったに違いありません。

5 労働と並立したボランティアの組織化――NPOの登場

1 NPOは労働と並立したボランティアです

原理的に、ボランティア活動は「労働」ではありませんが、「労働力」ではあります。「草刈十字軍」や「森林ボランティア」がかつて労働で処理してきたことを、ボランティアの活動で処理しているという事実がその証明です。当然、その逆も起こり得ます。かつて、ボランティアが行ってきた福祉分野の奉仕やサービスの多くは、今やプロが担う「労働」になりました。「介護」の社会化がそれです。ボランティアが担当していた福祉サービスを「買う」時代が来たのです。*ボランティア無償性の原理も、ボランティアを「労働」から峻別してきた論理も高齢社会の変化には抗し切れませんでした。NPOはボランティア活動の「労働化」の結果として生み出された活動とも言えます。

*M・マクレガー・ジェイムス／J・ジェランド・ケイター、小笠原慶彰訳『ボランティア・ガイドブック』誠信書房、一九九四年、二〇四～二〇五頁。

高齢化は介護の社会化を必然的に進めました。同様に、男女共同参画思想の浸透は養育の社会化の必要をもたらしました。高齢者の支援も子育て支援も、家族やボランティアでできる限界を越えてしまっています。

老老介護の現象一つを見ても、保育所や学童保育の現状を見ても、すでに家族・家庭の担当能力を越えてしまったからです。当然、介護や保育に関わる専門の人々を配置しなければなりません。「有償ボランティア」*によって福祉を買う時代が来た、と指摘する書物もありますが、「有償」の意味をきちんと定義しない限り誤解を招く曖昧な表現です。ここで使われている「有償」という概念は、「お金」一般を指すのか、労働の経済的対価を指すのか、それとも活動に要した「費用の弁償」だけでも「償い」と理解するのか誠に曖昧です。

＊有償ボランティアの「有償」とは、労働の経済的対価を受け取るという意味ではないはずです。活動の「費用弁償」を受けても労働の経済的対価を求めないという意味です。労働の経済的対価を求めるのならば、その活動はすでにその時点で「労働」であって「ボランティア」ではないからです。

労働と認知されないボランティアについても、長期・継続的に行われる場合、欧米においては賃金や給料とは区別され、通常、手当や給費（Stipend）と呼ばれる活動に要する「費用弁償」を準備することは当然の配慮となり、社会を挙げて振興するための根拠法が制定されました。主だったものは、以下の通りです。一九六〇年代には、アメリカの青年が国内の貧困者への援助活動を行う「アメリカに対するサービス活動」（VISTA: Volunteers in Service to America）というボランティア活動プログラムが創設され、一九七〇年代には、「国内ボランティア・サービス法」(Domestic Volunteer Service Act)が制定され、国内のボランティア活動の総合的推進を図る政府機関「アクション」(ACTION)が活動を開始しています。その後、一九九〇年に「国家社会サービス法」(National and Community Service Act)が、一九九三年には「国家社会サービス信託法」(National and Community Service Trust Act)が制定され、連邦政府が社会奉仕活動を行うプログラムに助成することができるようになりました。また、一九九七年にボランティア活動保護法(The Volunteer Protection Act)が制定され、ボランティア活動中の事故においてのボランティア活動者の責任範囲が規定されています。

遅ればせながら日本でも、ボランティアの重要性と組織的なボランティア活動を促進するため議員立法によって、ようやくNPOが法人格を得ました。NPOは利潤を追求しない特定・非営利という条件付きの市民組織です。NPOは労働と並立したボランティアの組織化の結果として誕生したのです。換言すれば、NPOは「特定・非営利」という制約の中で、ボランティアが半分だけ職業化した現象です。「半分だけ」というのは、「労働の対価」を受け取っても、利潤を追求するわけではないという意味です。市民による公的な活動に「お金」を払う時代が来たということです。

高齢化が進展して、まずは福祉分野に介護の社会化の時代が来たのです。職業としての介護が広く社会に認知され、「ヘルパー」という新語も生まれました。プロに労働の対価を支払うのは当然のことであるように、継続的なボランティアに「活動の費用」を支払うのも当然の配慮です。ボランティアが組織化されてNPOになったということは、多くのボランティア機能が「職業化」し、「労働化」したということです。ＮＰＯに「労働の対価」を支払うのも論理の必然です。介護の社会化や養育の社会化が進んできた現在、従来の「奉仕」論に引きずられたわが国のボランティア「ただ」論は非常識の限りなのです。福祉にはさまざまな活動場面があります。プロとボランティアを分ける境界の線引きは決して簡単ではありません。職業としての介護が成立したということは、すでに介護が「労働」になったということを意味しています。ボランティアが「奉仕」として社会的弱者の世話や介護を担当してきた時代とは違うのです。福祉分野におけるボランティア「ただ」論も変わらざるを得ないのは当然です。

2　新旧二種類の日本人

自分の中に、新旧ふたりの日本人がいます。町内会の役員をまじめに引き受けているのは「従来の日本人」です。「従来の日本人」は、好むと好まざるとにかかわらず、共同体のために働くことは己の義務であると考えています。それは共同体がもたらす「共益」の分配を受けるための条件だからです。それゆえ、「従来の日本人」とは多くの点で個人としてではなく、共同体の成員として活動に参加しています。町内会の役職も必ずしも喜んで引き受けているわけではありません。筆者は、近年、公民館長も務めましたが、それもくじ引きで決まったからにほかなりません。従来の日本人は共同体を重んじ、「共益」を分かち合う集団中心の発想を重んじてきました。共同体の発想に逆らってまで自立を主張するには、世間は厳しすぎ、日本人の主体性は柔にすぎたのです。

そして、もう一人の日本人は「新しい日本人」で、ボランティアとして英会話を指導し、生涯学習フォーラムの研究会を主催し、生涯学習通信「風の便り」を編集・発行している自分です。これらの活動はすべて筆者自身の主体的な「選択」に基づいています。みずからの興味と関心を出発点としています。活動の責任は自分にあることは十分自覚していますが、活動への義理や、義務感に縛られているわけではありません。少なくとも活動の出発点においては、みずから「喜んで」、「善かれ」と思って始めたものです。誰かに言われたから始めたのでも、義理で始めたものでもありません。自分が「好きで」「選択した」のです。それゆえ、生き方の「選択制」こそが主体的な活動の特徴です。そうした活動の選び方をするのが「新しい日本人」です。言うまでもありませんが、筆者の親しい人間関係は「従来の日本人」の中にはありません。「新しい日本人」の中にあります。人間関係もまた自らの責任で選択した結果だからです。

3　「新しい日本人」の代表はボランティア

共同体を離れた新しい日本人はボランティアに代表されます。新しい日本人がものごとを選択したり、決定したりするとき、基本的に既存の組織や共同体のしがらみとは関係ありません。大袈裟にいえば、組織に縛られず、地域に縛られず、時には、国境にも縛られません。選択も決定も判断の起点は個人であり、参加はあくまでも個人の意思に基づいています。それゆえ、「新しい日本人」は、能動的で、組織や第三者に動員されることを嫌います。行政に対しては、距離をおき客観的な判断を下し、対等であることを主張します。行政に協力するかしないかは、本人次第、行政の姿勢次第となります。新しい日本人は、生き方に自分流の旗を掲げた人々ですから、自己責任を原則とし、「個人」中心の発想を重んじます。それゆえ、「新しい日本人」は、集団に埋没することを嫌い、自分の「選択」にこだわるのです。

しかし、「従来の日本人」と「新しい日本人」は別々に独立して存在しているわけではありません。一人の個人の中に、新旧二種類の日本人が存在するのです。もちろん、筆者の中にも居て、二割が従来の日本人、八割が新しい日本人でしょうか。このことは、団体にも、グループ・サークルにも、新旧二種類の日本人がいるということを意味しています。生涯学習にも、まちづくりにも、新旧二種類の日本人が存在するのです。どちらのタイプのメンバーが多いかによって、グループの性格が決まります。NPO法が「促進する」としている市民活動の中にも当然、新しいボランティアの動きもあれば、従来からの共同体における相互扶助を重視する発想もあります。変化の時代は常に過渡期にあるということですから、さまざまな活動が錯綜するのは当然なのです。

この過渡期にあって、NPO法は「新しい日本人」の活動を促進するための法律として誕生しました。NPO法のもともとの発想と呼称が「市民活動促進法」であったということがそのことを象徴しています。どのような活動を選ぶか、選択の主体は個々の市民です。

4 〝ボランティア先進国〟には遠い

一九九八（平成一〇）年三月、日本のNPO法が成立しました。珍しいことに議員立法による制定でした。この法律の目標は、ボランティア先進国を目指すものである、と立法にかかわった熊代昭彦氏はその期待のほどを記しています。* 熊代氏によれば、ボランティア先進国とは「やさしさと思いやりに満ちた社会」という意味です。しかし、これまでの共同体も「やさしさと思いやりに満ちた共同体」であったことは多くの人が指摘しているところです。共益を分かち合って生きた、人情味溢れる共同体の相互の助け合いを懐かしむ人も多いのは周知の通りです。その観点から見れば、共同体的人間関係が薄れた都会は人間の〝砂漠〟であると演歌が歌った通りです。

*熊代昭彦編著『日本のNPO法』ぎょうせい、一九九八年、まえがき。

このことは熊代氏がボランティア先進国と呼び「やさしさと思いやりに満ちた社会」と、従来の共同体とは質的に異なることを暗示しているのです。個人の中に新旧二人の日本人がいるということは社会にも二種類の「やさしさと思いやり」があるということです。集団を優先的に志向した共同体文化が、個人を優先的に志向するボランティア文化に一気に移行することはあり得ないことでしょう。新旧の日本人が共存することも、また新旧二つのやさしさが同時存在することも、文化の転換期のタイムラグです。NPO法ができたからといって、集団志向の社会が個人志向の社会に急展開することはないのです。NPO法ができてもボランティア先進国への道はまだまだ遠いということです。現に今も、共同体発想の「奉仕」と「日本型ボランティア」は混在し、ボランティア体験の有無を問うアンケート調査などを見ると両者の混同が数字に現れることが往々にあります。あたかも日本社会のボランティアが盛んになっているのかと錯覚することがあります。

5 「自治」と「公益」――存在しなかった「市民活動促進」のための法律

近年、都市を中心に、自主的で、多様な市民活動が徐々に拡大しています。しかし、NPO法が登場するまで日本社会には自由な市民活動を支援する法律は存在しませんでした。NPO法は市民活動の内容を「特定」の分野のかつ「非営利」の営みに限定しました。「特定」とは法が指定する分野に限定することを意味し、「非営利」とは「再分配のために利益を追求しない」という意味です。そのため名称は「特定非営利活動促進法」（NPO法）と決まりました。NPO法は、初めて、「法」によって「市民活動」を促進する枠組みと原則をシステム化したのです。その目的はボランティア活動と重なり、「自治」の拡大と「公益」の増進が二大目標です。活動の「自己責任」が強調されるのは、ボランティアと同じく、個人を主体とする市民活動の自由と自治の思想が活動の根幹にあるからです。また、「不特定多数の人々のための利益」が活動の目標になるのは、「公益」の思想に由来しています。「不特定多数の人々」とは「一般的他者」と同じ意味です。「公益」とは英語の Public Interest の意味ですから、これもまた精神において、ボランティアの「社会貢献」と重なります。市民活動における市民とは自らの自治によって、公益を支える人々という意味になり、ここでもボランティアの精神と同じです。市民活動と共同体文化が根本的に違うところは、共同体がサービスの対象を共同体の構成員に限定していたのに対し、市民活動は市民一般に拡大したということです。

ＮＰＯによる活動が盛んである社会とそうでない社会の違いは、文化の中にボランティアや市民自治の思想が強く育まれていた社会とそうでない社会の違いであるということになります。日本社会は「お上」に寄り掛かってきた風土でしたから、自治の精神も、ボランティアの精神も希薄でした。共同体は一見自治機能を有していたように見えますが、集団と対立する個人の自由は認めていませんでした。行政の下受け組織の側面が強かったことも周知の事実です。それゆえ、共同体の成員にとって、市民自治の発想は遠いものであったことは言うまでもありません。ＮＰＯ法の根幹を成す発想は、共同体には決して存在することのなかった個人の自由と自治思想を結合したものです。法律の名称が「特定」の「非営利」の活動を「促進」する「法律」というように長い「説明文」になっているのは、共同体文化の住民には懇切な「説明」が必要だったからです。しかし、長過ぎる名称は誰も使いませんので、通常はＮＰＯ法のように横文字の略語で呼ばれているのも頷けるというものです。共同体にとっては、「非営利団体」とか「非政府組織」という日本語もなじみが薄い概念です。共同体に帰属した団体は必ず「共益」のための団体であり、必ず特定の利益と関わりがありました。また、「行政」に服従し、行政の下受けとして機能してきた共同体は、「非政府組織」でありながら時の政府と深く関わり、事実上その支配下におかれていました。「非営利」でしかも政府に関わりのない「非政府組織」は、厳密な意味で日本社会には存在していなかったのです。私たちに身近な「社会教育関係団体＊」と呼ばれる子ども会も婦人会もＰＴＡも行政から補助金を交付されて行政のシンパとならざるを得なかった組織です。

＊社会教育法の第一〇条〜一四条で規定されていて、行政の支援を受けることができるとされています。

もともと欧米型のボランティアは、宗教上の信仰を源流とし、「神との約束」に基づく「隣人愛」の思想を基本としていました。しかし、日本文化では、仏教も、神道も、儒教も、「個人」の主体性を強調するよりは、共同体の共益を守ることを強調しました。それゆえ、われわれの日常は、個人の主体性を基盤としたボランティアの精神からは遠かったのです。

日本社会の相互扶助は、共同体の「共益」と「義理」を発生源とし、「報恩」や「共同義務」の観念を基本とした集団管理型のシステムでした。それはボランティアやＮＰＯのいう「公益」ではなく、特定集団に限定された「共益」を追求する思想でした。

共益とはマンションの「共益費」の考え方と同じです。「共益費」には、払うか払わないか選択の余地はほとんどありません。払わない限り、共益は分配されないからです。町内会費の支払いも町内会事業への参加原則も同じです。町内会の共同作業への参加は慣習上、選択の自由はありません。それはお互いの利益を守るという「大義」のための、共同の義理であり、共同の義務だからです。参加しない者には、多くの土地で、「出不足金」のような罰金すら課される慣習が生き続けてきたのです。

それゆえ、「共益」とは、閉じられたグループ内の相互支援システムの思想だといえます。マンションの共益費の及ぶ範囲がマンションの住人を越えることがないように、町内会の助け合いが、町内の境界を越えることもまずありません。共同体が主役であった社会に公益のための「市民活動促進」のための法律が存在しなかったのは当然だったのです。

6 「市民」とは誰か？

NPO法は名称の出発点から「市民」という用語にこだわっています。市民社会というときの「市民」とは、思想的な存在であり、思想的な用語です。「そこに住んでいる人」という意味であれば、「住民」でいいのです。また、自治体の規模によって呼び方を変えるという時は、「都民」、「県民」、「市民」、「町民」、「村民」と呼んでいます。これらは「単位別自治体住民」の呼称です。もちろん、市民社会というときの「市民」は、単位別自治体住民のことではありません。

一方、日本社会には「公民」の概念があります。公民館の「公民」です。語感からいえば、市民社会というときの「市民」は、「公民」に最も近い感覚だと思いますが、日本社会では法律上「公民」概念を限定して使っています。辞書は、「公民」を、「国政に参与する地位における国民又は旧市町村制度において公務に参与する権利・義務を有した者」（広辞苑）と定義しています。したがって、「公民権」とは、〝国会または地方公共団体の議会に関する選挙権・非選挙権を通じて政治に参与する地位・資格〟（広辞苑）ということに意味が限定されています。

こうした状況では、「市民」の概念もまさしく混乱せざるを得ませんが、NPO法が想定している「市民」は、市民社会というときの市民です。広辞苑は、市民社会とは、「自由経済にもとづく法治組織の共同社会」、「その道徳理念は自由、平等、博愛」であると説明しています。したがって、市民は、そのような社会を支える構成員の意味です。牛山氏は、「市民」の最重要特徴を「自発性」であるとし、市民の自発性のゆえに、NPOは政府を批判したり、政府と対立したりもすると指摘しています。〝行政の下請けに終始すれば、新しい社会セクターとしての存在意義はない〟、というのです。*

*牛山久仁彦「日本におけるNPOの現状」辻山幸宣編『住民・行政の協働』ぎょうせい、一九九八年、七一頁。

まさしく、行政の下受けをしてきた町内会のような共同体的集団とは違うのだということを言っているのです。

それゆえ、日本NPOセンターを立ち上げた山岡義典氏は、村にも「市民」がいて、都民の中にも「市民」はいると言っています。ここでも注目しているのは市民の「主体性」と「自発性」です。日本型ボランティアは個人の自由を基盤とする、という筆者の指摘と同じです。したがって、山岡氏の「市民活動」の定義は、「市民社会をつくる活動」ということになります。* 広辞苑の言う「自由、平等、博愛」の理念を具体化する「市民社会をつくる活動」こそが、NPO法が目指す「公益」に繋がるという認識です。仙台NPO研究会は、NPO活動の目的は「公益」の増進であるが、「公益」という用語に代えて「社会的課題の解決を志向する」という表現を使うこともあり得るのではないかという提案をしています。**NPOは「日本型ボランティア」から発生していることを彷彿とさせます。ここでいわれる「社会的課題」が組織や、地域や、国境を越えて発想されるのであれば、それは「不特定多数の利益」に資することになりますから、「社会貢献」と言い換えても大きな違いはありません。NPOはボランティアが組織化された社会貢献のための組織であり、分配のための利益を目的としない限り労働の対価を受け取ることも許されています。NPOは、労働と並立したボランティアの組織化であると言って当たらずとも遠からずということでしょう。

＊山岡義典『時代が動く時』ぎょうせい、一九九九年、八二頁。
＊＊仙台NPO研究会編『公務員のためのNPO読本』ぎょうせい、一九九九年、一二六頁。

7 「選択的」市民活動の促進

NPO法の最大の功績は「選択的」市民活動の下地をつくったことです。共同体が衰退して地域社会は選択的人間関係を原則とするようになりました。ボランティアも当然本人の意志次第であり、選択的です。

それゆえ、選択的市民活動というのは、第一に市民が主役であることを意味しています。したがって、活動は「義理」でも、「義務」でもありません。すなわち、人々の自由な活動を促進することが目的です。NPOは「非営利」という意味ですが、あくまでも「民間」の団体であることに特徴があります。同じ「非営利」でも、行政や特殊法人・公益法人とは異なるのです。その意味で、NPOは

ＮＧＯと同じです。すなわち、ＮＰＯも、ＮＧＯも、「非営利」で、「非政府組織」すなわち「民間」という意味です。

第二に、市民の活動は「選択の自由」を原理とします。市民の主体性を行動の起点としています。したがって、活動の出発点はボランティアの思想と同じです。ボランティアは本人の「選択」こそが命です。しかし、民間の市民活動だから何をやってもいいという意味ではありません。実際の市民活動にはいろいろありますが、営利を目的にしないという基準によって、同じ民間でも、企業活動などと区別されます。ＮＰＯ法の特質は、市民活動に縛りをかけて、「特定」の分野に限定し、しかも「非営利」としたことです。ＮＰＯの活動こそ「労働のやり甲斐」と「労働の対価を求めないボランティア」を結合したものだからです。もちろん、「特定非営利」とは、「収益事業」をしないという意味ではなく、活動によって得た利益をメンバーに分配しないという意味です。このルールによって、ＮＰＯの活動者は、個人の「儲けを追求しない」という点で「労働の経済的対価は求めない」というボランティアの趣旨と繋がっているのです。ＮＰＯ法の成立によって日本がボランティア先進国になるのではないかという期待はそこから生まれてくるのです。

8 「促進」と「支援」

意識して使用しているかどうかは別として、ＮＰＯ法の解説書には、「促進」と「支援」の用語が登場します。言葉の意味をいちいちあげつらうつもりはありませんが、促進は英語で promote、支援は support です。当然、支援も促進機能の一部ですが、支援を受けて活動する場合と、自ら頑張って活動する場合では、団体の「気合い」と「姿勢」が違ってくるはずです。上記の通り、NPO法の出発点は市民活動の促進であり、支援ではありません。法律の当初案に冠された「市民活動促進法」という名称における「促進」の思想は、直接的な支援を意味するものではなく、新しい日本人の活動のための環境整備をする間接的応援を意味していたという理解で解説書が一致しています。

一方、NPOは「市民主体」であると言いながら、他方では、行政任務の一環として、直接的に活動を支援したり、NPO団体を育成すべきであるという意見もあります。しかし、行政の直接的関与は、明らかにNPO法の趣旨に矛盾します。法にいうところの市民主体の活動は市民自身が開拓しなければならないことは自明のことだからです。したがって、NPO法が示唆する行政の役割は、市民活動に対する制約・干渉を排し、環境を整え、活動の自由を保障し、情報の公開を求める等々のことになります。そこから先は市民自身が開拓すべき領域です。

多くの解説書がNPOに対する行政の「支援」という用語を使用していますが、共同体文化の下の集団と混同している節があります。「支援」は、従来の日本人及び旧来の団体・組織に対する直接的応援の意味です。社会教育関係団体を始め、各種の民間団体に対する「補助金」の交付や「事務支援」のたぐいは「支援」の大義の下に行われた実質的な援助です。

共同体文化の下の住民組織はそのほとんどが「お上」によって育成され、保護されてきた団体です。町内会（法律上は行政組織と無関係）も、衛生組合連合会（厚生労働省）も、保護司会（法務省）も、民生・児童委員会（厚生労働省）も、人権擁護委員会（法務省）も、食生活改善推進協議会（厚生労働省）も、子ども会も、婦人会も、青少年育成会も、PTA（以上は文部科学省）も、直接的被支援団体であることは周知の事実です。これらはすべて共同体を基盤とする組織です。個人の自発的な選択によって組織された団体ではありません。旧来の多くの組織は、補助金交付から、団体の事務局機能の代行にいたるまで、行政の直接的「支援」（援助）によって支えられてきたのです。共同体の力が衰退した今、おそらく、行政の直接的援助無しには上記の組織が存続することは不可能でしょう。ボランティアやNPOの働きを上記のような旧来の被支援組織と混同して、行政サービスの隙間を埋める補助機能のように解説する人がいますが、まったくの見当違いです。日本社会では、政治や行政組織のあり方を変革するスピードが遅く、ようやく「事業仕分け」が始まったばかりの過渡期にあるので、当然、新旧両方の組織が同時存在していますが、やがてボランティアやNPOが、旧来の被支援組織の機能を代替する日がやってくることでしょう。そのとき、新組織の最大の特性は行政と対等の関係にあるということです。

個人の中にも、集団の中にも、遅まきながら行政職員の中にも新旧二種類の日本人が混在しています。したがって、行政による異なった応援の仕方が混在しているのもまた当然なのです。それが「促進」と「支援」の違いになって現れているのです。

9　市民活動の多重機能

既存の社会教育活動の大部分は、子ども会活動から、高齢者学級に至るまで、従来の日本人、旧来の日本型組織を代表しています。しかし、NPO法の施行によって状況は一変しました。最大の要因はこの「法」が求める「自己責任」への期待と「情報公開」の原則です。旧来の主要組織は行政の補助金と事務局機能の代行または補助によって辛うじてその活動を存続してきた事実は上記の通りです。しかし、無数のNPO法人が誕生し、自前の活動を開始したとき、旧来の団体組織のみが行政に〝おんぶにだっこ〟で甘え続けることはできません。NPO法人の場合、情報公開の原則により、それぞれの活動内容及び財務内容も公開されるようになります。そうなれば必ず、団体間の自助努力の「差」が明らかになります。行政が、Aの組織の面倒を見て、Bの組織の面倒を見ないのはなぜかという疑問も生じることでしょう。

具体的にいえば、社会教育関係団体等行政にとって都合のいい団体の面倒は見ても、それ以外のNPO法人の面倒は見ないとなれば、必ずその理由が問われることになるはずです。A団体の活動の方が、B団体の活動より社会的貢献度が高いというのであれば、その評価理由を明らかにしなければなりません。それゆえ、既存の支援団体についても、今後、支援を続けるか、続けないかの説明責任も果たさなければなりません。そうなれば、当然、「支援」の対象は、団体ではなく、個別の事業に変更せざるを得ないはずです。かくして、事業間の切磋琢磨が始まり、行政は、子ども会や、婦人会など既存の「被支援団体」に対する従来の支援のあり方を見直さざるを得なくなるのです。議員から質問が出れば行政当局は市民を納得させ得る答弁をしなければなりません。問題は、いまだその種の質問の重要性が十分に理解されず、ほとんどの議員が質問すら発していないということです。

行政の被支援団体は社会教育関係団体を始め、共同体文化の影響を強く受けた集団です。今やそうした集団にも、新旧二種類の日本人及び新旧二種類の組織観が混在するようになり、共同体の衰退と時を同じくして衰退傾向が続いています。一方、ＮＰＯ法が選択したのは「新しい日本人」の活動です。ＮＰＯ法が想定しているのは、ボランティアの精神を起点とする主体的で、自発的な、新しい日本人の社会貢献活動の促進なのです。

市民活動が活発化した第一の理由は、市民自治への要求と自信の高まりであるといっても過言ではないでしょう。しかし、市民の自由な活動の背景は決して自治を求めるという政治学上の動機に限られるわけではありません。最大の動機は個々人が生き甲斐を創造したいと願った内発的な動機であるというのが本書の分析です。「さびしい日本人」は、自らが選択した社会的活動を通して生き甲斐や他者との絆を追求しているのです。ボランティア活動も、生涯学習も、それぞれの活動内容に加えて、「縁」を取り結ぶ機能、生き甲斐を充実する機能など多様な機能を併せ持っています。当然、市民活動も同じです。もちろん、活動が交流を促進するという副次機能は国境を越えても同じです。アメリカの「非営利団体」の管理論を説くウィルバーは、〝非営利団体は組織を立ち上げた理由である奉仕の対象者の手助けをするが、同時に、活動者の人間的なニーズを満たしているのである〟、と指摘しています。* 社会貢献活動の目的の中に、「自分のため」と「他者のため」は併存しているのです。

*スミス・バックリン・アンド・アソシエイツ『みんなのＮＰＯ』海象社、一九九九年、三頁。

日本での認識も同じです。「ＮＰＯは公益的サービスの提供主体としての役割や、新しい時代の新しい発想の担い手としての重要性に加え、活動する人たち自身にとっては大切な自己実現の場となっている」* という指摘がそれです。

*仙台ＮＰＯ研究会編『公務員のためのＮＰＯ読本』ぎょうせい、一九九九年、三〇頁。

ボランティア活動がボランティア自身を支えるように、ＮＰＯ活動も活動者自身を支えるのです。「自分のため」のボランティア、「自分のため」のＮＰＯは、市民活動の〝隠れたカリキュラム〟です。「自分のため」の生き甲斐の探求を抜きにして市民活動も、ボランティアも行為を持続するエネルギーを自家発電できるはずはないのです。ボランティアの志は廻り廻って常に社会貢献と自己実現の両方を同時に追求しているのです。「情けは人のためならず」なのです。

10 「民法の隙間」とは何か？

立法にかかわった熊代昭彦衆議院議員（当時）はＮＰＯ法を百年ぶりの革命的意義を持つ法律であると評価しています。その理由は、ＮＰＯ法が従来の「民法の隙き間」を埋めた市民活動を応援する法律だからです。応援法の応援法たるゆえんは市民グループが極めて簡単に法人格を取得することを

可能にしたことです。以下は熊代氏が指摘する法の要点です。＊

i　一〇人集まれば、法人格（特定非営利活動法人）が取れる

ii　基本財産は不要

iii　年間の会費収入も必要なだけあればいい

iv　認証の条件がすべて法律に書いてあり、官僚の自由裁量の余地がない

v　三年間報告がなければ認証を取り消すことができる

vi　都道府県知事の認証で、日本中、世界中で活躍ができる

vii　全員が外国人でも法人格が取れる――「フリー、フェアー、グローバル」を体現

viii　情報公開を徹底

ix　制度悪用に対する対応措置を導入

＊熊代昭彦編著『日本のＮＰＯ法』前掲書、三～六頁。

民法の制定は一八九六（明治二九）年です。その民法が定める「公益法人」とは社団法人と財団法人です（民法第三四条）。その他はすべて個別の特別法による規定です。例えば学校法人は「学校教育法」であり、社会福祉法人は「社会福祉事業法」で規定されています。同じく、労働組合は「労働組合法」で、宗教法人は「宗教法人法」によって規定されています。商工組合も日本育英会もそれぞれ個別の法律によって規定されています。

ＮＰＯ法はこれら非営利の法人に加えて、市民活動を行うグループ・団体を文化横断的・社会横断的にＮＰＯ法人（「特定非営利活動法人」）の呼称のもとに統括したのです。法人化を認証する条件のひとつが「不特定かつ多数のものの利益」を増進することと定められました。熊代氏は、「公益」と「不特定かつ多数のものの利益」は同義であるとしています。それゆえ、ＮＰＯ法は、民法第三四条の「公益法人（社団法人、財団法人）」の特別法として位置づけられたことになると指摘しています。*
文化横断的・社会横断的に謳い上げられた活動は改正を重ねて一七領域となり、それが左記一覧の通りＮＰＯ法が示す「市民活動」の内容であり、各団体・グループの事業領域と定められています。**

i　保健、医療又は福祉の増進を図る活動
ii　社会教育の増進を図る活動
iii　まちづくりの推進を図る活動
iv　学術、文化、芸術又はスポーツの振興を図る活動
v　環境の保全を図る活動
vi　災害救援活動
vii　地域安全活動
viii　人権の擁護又は平和の推進を図る活動
ix　国際協力の活動
x　男女共同参画社会の形成の促進を図る活動

xi 子どもの健全育成を図る活動

xii 情報化社会の発展を図る活動

xiii 科学技術の振興を図る活動

xiv 経済活動の活性化を図る活動

xv 職業能力の開発又は雇用機会の拡充を支援する活動

xvi 消費者の保護を図る活動

xvii 前各号に掲げる活動を行う団体の運営又は活動に関する連絡、助言又は援助の活動

＊熊代編著『日本のＮＰＯ法』、前掲書、六六頁。

＊＊ＮＰＯ法第二条の別表に掲げる活動に該当する活動（別表）

11 行政による「公益」独占状況の修正

これまで「公」とは、ほぼ「行政」と同義であり、「官」と同じ意味でした。それゆえ、「公益」に関する事業は行政の独占に近い状況にあったということです。民間の団体は、法人格を持つか持たないかにかかわらず、行政の認知によって、初めて「公益」に貢献していると判断されてきたのです。「公益法人」の名称が雄弁に語っているところです。「公益」に資するか否かの認知権は行政が独占していました。すべての社会教育関係団体も、福祉関係団体も、官が公益に資するという認定を与えない限り、制度的に認知された団体としての活動はできませんでした。当然、行政からの支援（援助）

も得られません。従来の「公益法人」、あるいは「非営利」の法人は、社団法人も、財団法人も、宗教法人も、労働組合も、商工組合も、すべて民法あるいは特別法の規定によって行政が認可するものです。行政の認可とは官僚の自由裁量の結果によって決まるという意味でもあります。

ＮＰＯ法は、「許可」を、「認証」に変え、認証条件を法律に明記しました。従来とは比較にならない簡便な方法で、市民活動団体が法人格を取得することができるようになったのです。このことは、行政が「公益」の許認可に関わり裁量権を独占しないようになったという意味です。市民がＮＰＯ法に則って、それぞれの活動に取り組むとき、それはほぼ自動的に「公益」に資する活動と認められるシステムができ上がったのです。かくして、ＮＰＯ法は、行政による「公益」の独占状態を一挙に修正することになりました。

ＮＰＯ法はこれまでの「任意団体」に「法人格」を与えることになりました。個人で行うボランティアと比較してみると、「法人格」を得るということがどれほど重大な意味を持つかがわかるはずです。「法人格」を持つとは、団体の活動を社会が制度的に承認するという意味です。法人格がなければ、その活動が社会的に認知される保証はまったくありません。しかし、ＮＰＯ法は、次のようなメリットをもたらしたと指摘されています。*

i　契約の主体になれる
ii　受託事業や補助金を受けやすくなる
iii　公的な施設を利用しやすい

＊米田雅子『ＮＰＯ法人をつくろう』東洋経済新報社、一九九九年、二〇頁。

iv　社会的な信用が生まれやすい

また、ＮＰＯ法人の財政を支援する税制として、ＮＰＯ法人の支出を少なくするために法人税の負担を軽減する措置と、ＮＰＯ法人の収入源の一つである寄付を増やすために寄付金税制を拡充する措置の二つが主な課題となっています。＊

＊ＮＰＯ事業サポートセンター「公益法人改革の現状について」（Ｗｅｂ）、二〇〇五年七月五日閲覧。

ＮＰＯ法人が「公益」を担う団体と認証されたときから、行政による「公益」の独占状態が終わりました。ＮＰＯ法が定める法人は公益の活動を行う行政のパートナーとなり得ます。行政による「認可」のシステムをとらないことによって、ＮＰＯ法人は、従来のどの団体よりも行政に対する「対等性」が保証されているのです。行政の許可が必要でないということはＮＰＯの側に法律上の不正がない限り、行政は命令も、指示もできないという意味です。かくして、行政とＮＰＯの「協働」概念が登場するのです。原理的には、ボランティアと行政の関係も同じです。対等の関係にあるパートナーが、共同・協力して働くことが「協働」という意味です。

最後に残された問題はまたしても行政の縦割りでしょう。ＮＰＯ法人の認証申請手続きが画期的に行政の縦割りを排したにもかかわらず、都道府県の条例如何では再びそれぞれの行政分野ごとのＮＰＯ法人がつくられかねないからです。生涯学習関係のＮＰＯ法人が、既存の社会教育関係団体と同じ行政上の取扱いになるのか、行政の対応が問われているのです。しかし、今のままでは、生涯学習行政が総合化できないように、NPO法人の活動も総合化できない危険性は高いのです。

12 百家争鳴の活力――「社会的課題」に取り組む「ベンチャー・プロジェクト」

「従来の日本人」と「新しい日本人」の最大の違いは、「個人の力」に対する信頼度の違いです。「従来の日本人」はみんなの意見が揃わないと「事は始まらない」と信じていました。これに対して、「新しい日本人」は、みんなの意見が揃った方がいいが、揃わなくても「事を始めよう」と考えています。

まちづくりにおいては、みんなの意見、みんなの参加が大切であるとたいていの本に書いてあります。「みんな」というのはほぼ間違いなく「従来の日本人」のことでしょう。まちづくりを主導する行政は、若者といえば、若者グループの合意を想定し、女性といえば女性団体のまとまりを必要として来ました。共同体の文化風土においては、「みんなで一緒にやる」ことが習わしであり、行政にとっては「みんなでやれば」、仮にしくじっても責任を問われない「保険」になるからです。要は、「みんなで渡れば恐くない」ということでした。

しかし、みんなの覚醒を待っていたらいつまでたっても「新しいこと」・「革新的なこと」を始められないことは日本の地方史が証明しています。マズローの研究を引き合いに出すまでもなく、どこのまちでも、どんな組織でも、新しいことの提唱者―実践者（マズローは「革新者：Innovator」と呼びました）は人口の三％程度しか存在しないのです。時代の風が吹いて、時間が経てば、いずれ革新者のアイディアも多数者のアイディアに変わりますが、それには膨大な時間とエネルギーを要します。それがこれまでのまちづくりの歴史でした。ある時点で、多数者の考えをまとめようとすれば、通常、あっちも立て、こっちも立てて、妥協を重ね、当地の常識の範囲を越える案が出ることはないでしょう。まちづくりにせよ、活性化戦略のイベントにせよ、「みんなの意見」の平均や常識からユニークな視点は出てこないことは多くの実践の失敗例が証明しています。まちづくりは若者と、よそ者と、馬鹿者がやるんだということは、よく言い習わされた表現です。まちづくりの個性とは「常識」の対立概念であるといって過言ではありません。まちづくりに限りませんが、日本社会の実践の多くがどこでも似たような「金太郎飴」になるのは、共同体文化の慣習を引きずって「みんなの意見」を寄せ集めてきたからです。画期的なことは全員の合意の中からは生まれないと考えて間違いありません。「まちづくり民主主義」の死角であるといっていいでしょう。新しい企業活動の創造に「ベンチャー」の育成が必要であるように、まちづくりにも「ベンチャー・プロジェクト」が必要になるのは当然のことです。ベンチャーとは、もちろん、「冒険」を試みるという意味です。日本社会がベンチャー・ビジネスを育てることに遅れをとったように、まちづくりはベンチャー・プロジェクトを生み出すことに失敗しているのです。そのような過去の事実に鑑みて、ＮＰＯ法は、まちづくりのベンチャー（冒険）を育てるための法律であると言い換えてもいいのではないでしょうか。

この意味で日本ＮＰＯセンターの山岡義典氏が指摘する、次に示す市民活動の四つの性格は重要です。四つとは、①先駆性、②多元性、③批判性、④人間性です。*

*山岡『時代が動く時』前掲書、五六～六一頁。

①先駆性――革新的NPOの〝冒険〟によって、個人または少数グループの新しいアイディアを実行に移すことが可能になった。

②多元性――まさにNPOの百家争鳴のことです。異なった発想、多様なエネルギーが衝突して活動の触媒機能や活性化の条件が整う。

③批判性――行政と対等なNPOの登場によって、社会システムと行政活動に対するチェック機能が充実する。

④人間性――多様なNPOの出会いによる、多様な人間相互の交流が促進される。

公平の原則、平等の原理、税金の投入などの「しばり」で従来の行政には実行できなかったことも、NPOであれば可能になります。ボランティアもNPOも公平である必要はなく、平等である必要もなく、公金を使わなければ自由な活動が保証されます。ボランティアもNPOも最重要の社会的課題は「他者への貢献」ですが、参加者の最大の個人的目的は生き甲斐の探求と絆の形成だからです。

これら四つの視点は、行政の性格上、行政事業にはほとんど存在しません。また仮に、個別の行政マンに上記の視点を有する人が存在したとしても、システムの性格上、行政ではほとんど活かすことができないのです。

しかし、今後、ＮＰＯの登場によって、共同体文化の下で形成された現状の政治も行政も新たな変革期を迎えることになるはずです。市民社会では、「日本型ボランティア」もＮＰＯも政治や行政と対等の立場で、社会貢献プログラムや「公益」事業のパートナーとしてさまざまな機能と任務を担っていくことになるのです。「日本型ボランティア」はＮＰＯという組織的「武器」を得て共同体文化の社会を市民社会に変革していくのです。ＮＰＯの発展プロセスは、伝統的共同体の成員が自由な個人となり、立ち往生した自由な個人が「さびしい日本人」となり、やがて「日本型ボランティア」という「新しい生き方」*を発見していく過程なのです。「ＮＰＯという生き方」は「もう一つの生き方」であるとした島田 恒氏の指摘はもう少し続くことになるのでしょう。

＊島田 恒『ＮＰＯという生き方』ＰＨＰ新書、二〇〇五年、二〇四頁。

6

未来のボランティアを育てる

ボランティアの解説書を読むと何から何までいいことずくめに書いてあります。それほど素晴らしいことであるならば、家庭も学校も子どもにきちんとボランティアの意義と実践を教えればいいのにと思いますが、少年教育の問題になると多くの解説書が臆病で腰くだけになっています。ボランティアは主体的・自主的な活動であるから子どもたちに義務として課してしまうと彼らの主体性を抑圧することになるというのが「腰くだけ」の主たる理由です。実に愚かな教育論です。「主体性」も教育の結果であり、価値の習得も教育の結果です。教えなくてもわかるくらいなら子どもに対する教育そのものが不要なのです。なかでも親切とかやさしさの価値は最も高度で教えることの難しい目標です。そうした価値を体得させ、実践を体験させることは幼少期の最も重要な教育課題なのです。

教育活動の中心に子どもを位置づけて、彼らの「好き嫌い」までも「主体性」であるとする錯誤した児童観こそが「しつけ」と「教えること」を忘れた現代日本の少年教育の最大の誤謬です。子どもに限りませんが、教育の三原則は簡単で、明瞭です。⑴人間はやったことのないことはできません。⑵教わっていなければわかりません。また、⑶練習しなければ上手にはならないのです。未熟な子どもをこの原則に基づいて「しつけ」「教える」ことによってこそ、やさしさのわかる日本人が育つのです。ボランティア教育に限りませんが、少年教育の原則は「他律」によって「主体性」と「自主性」を育てることです。家庭も学校も「必修お手伝い」と同じ手法でボランティアの心と実践を教えるべきと考えます。

1 「いいことずくめ」のボランティア？

参考資料を読む限り、ボランティア論は総じて「いいことずくめ」です。自他ともに益するところが多く、特に少年にとってボランティアは「共生、共育を前提とする社会の活動」である、といいます。ボランティア活動に参加することが、「共生」と「共育」を学ぶことになるのなら、自己中の現代っ子にとって不可欠であることは間違いないでしょう。それではなぜ、少年教育でボランティア活動を強化したり、義務教育の中に取り入れないのでしょうか？*

*ほんの木編『初めてのボランティア』ほんの木、一九九三年、二頁。

最大の理由は、ボランティアの必修化、義務化には児童中心主義思想に基づく根強い反対論があるからです。反対論の根拠と背景は、義務化や必修化は子どもに「自己犠牲」や「強制」や、「苦痛」

をもたらすからだといいます。「自己犠牲」も「義務化」も、子どもの「苦痛」の種になるだけで、結果的に逆効果をもたらすことになるというのが反対論の論理です。

＊「子どもが主役」、「学習者が主体」という考え方。拙著『子育て支援の方法と少年教育の原点』学文社、二〇〇六年、一一〇～一〇四頁。

また、「個人」が「全体」または「公共」の名のもとに特定のサービス活動や社会貢献を義務づけられるのは「全体主義」の匂いがして歓迎できない、という反対論もあります。さらに、少年に対するボランティア活動の義務化は、そもそもボランティアの「自主性」の原則に反するという主張もあります。それゆえ、少年期のボランティア活動において「やりたいこと」は子どもが主体的・自主的に自分で探すものだ、という主張になります。

なんと愚かな教育論でしょうか！　いまだ社会性が未熟で、「共生」と「共同」の自覚のない子どもに自らに課すべき社会的サービス活動が自分で探せるでしょうか？　万が一探せたとして、学校等の指導システムの外で責任ある態度で主体的に活動を継続できるでしょうか？　「強制」や「苦痛」を伴うことが、価値あるボランティアを「させない」理由になるなら、教科の学習も、社会規範の学習も、同じ理由で「させなくても」いいということになるのではないでしょうか？　そもそも少年が好きなことを好きなようにやれて、苦痛をまったく伴わない意義ある社会的な活動などこの世に存在するはずはないのです。未来のやさしい日本人を育てるためにも、少年に対するボランティア教育は必要不可欠です。一方で、少年の成長にとってボランティアには素晴らしいことがたくさんあると主張しながら、他方で、学校等がボランティア教育を義務的に行ってはならないとする反対論は論理的に一貫性が欠けているのです。

2　少年教育の特殊性

欧米においても日本においても、少年が未熟な存在で学ぶ過程にあるという事実はまったく変わりません。それぞれの社会は、それぞれの基準に基づいてある年齢までを「半人前」あるいは「未成年」として教育の対象としているからです。少年はいまだ一人前とみなされず、社会化の訓練過程にいると考えられています。それゆえ、ボランティアの第一原則である「本人の選択」と「主体的判断」を少年教育に適用することはそもそも間違っているのです。ボランティア活動が育む「社会性」、「連帯性」、「創造性」、「開拓性」、「先駆性」などの資質が、少年の自主的活動によって理解・体得されるとしたら、それは誠に幸運な偶然に過ぎません。上記の優れた資質を少年に教えることなしに体得させることができると想定する方が愚かなのです。

大部分の子どもはいまだ成長の途上にあり、社会性は未熟です。時には善悪の判断すらも危いということが少年教育の前提です。教育的義務を課して共同生活のルールをしつけるのも、社会の規範を教えるのもそのためです。少年自身が、ボランティア活動の意義を自得することを前提にするわけにはいきません。ボランティアがもたらす将来の「実り」を少年が確実に予見できると想定することも困難です。「未熟」と「半人前」はあらゆる少年教育の出発点です。そのとき、ボランティア教育だけは子どもの自主性に任せてもよいという論理が成り立つはずはありません。ボランティア活動の意義は家庭や社会が子どもに教えるべきことであって、子どもの自主的な学習に委ねてはならないのです。ボランティア教育だけがしつけや徳育の例外であるはずはないということです。

それぞれの社会は教育と訓練を通して少年の成長を促します。さまざまな方法を駆使して、主体的判断のできる自立した個人を育成しようとするのです。少年に対するボランティア精神の涵養は、社会がそれを必要かつ重要と判断することから出発します。ボランティア活動への参加原則は、基本的に、少年自身の判断に委ねるべきものではありません。社会が判断すべきことです。ボランティアの「主体性」原則をまだ「未熟」な少年に適用することは児童中心主義の重大な誤りです。いまだ確立されるに至らない少年の「主体性」を前提にして、ボランティア教育を論じる人々は「半人前」に対する人間観が甘いのです。子どもの欲求や関心を過大評価する教育論が巷に溢れ、礼儀も知らず、規範意識も希薄な少年が数多く育っているばかりか、少年非行や社会に不適応な逸脱行動が増加傾向にあるのも周知の事実です。これらはすべて少年期において家庭や学校が「しつけ」や「教えること」を疎かにした付けといえます。子どもの主体性を過信し、社会規範を教えようとしない教育はやがて教育公害を生み出すことになることを恐れます。*

*教育公害の発生を助長する教育論の特性。拙著『しつけの回復　教えることの復権』学文社、二〇〇八年、六九頁。

3　教育の三原則――やったことのないことはできない、教わっていなければわからない、練習しなければ上手にはならない

少年に対するボランティア精神の涵養は、自立した個人（成人）の場合とは自ずから異なります。中身も、方法も、動機づけも異なります。少年に限りませんが教育の原則は次の三つです。人間は、やったことのないことはできません。教わっていなければわかりません。そして、一、二度やったとしても、教わったとしても、練習しなければ上手にはならないのです。大人になってしまった後ではすでに時遅く、犯罪を犯し服役したような場合を除いては一般社会人に向かって教育を強制することはできません。そうであればこそ、少年期に大事なことはきちんとしつけ、しっかり教えておかなければならないのです。

ボランティア教育も同じです。ボランティアが大事で、少年の未来に多くの実りをもたらすというのであれば、少年にはボランティアのあり方を必修のカリキュラムとして教えなければならないのです。必修化して教えるとは、モデルを提示して「させてみること」、意味や方法を「教えること」、身につくまで繰り返し「練習させること」の三つです。ボランティアが子どもたちの身について、彼らが社会の期待に応えて自然に行動できるようになるには膨大な練習の時間を必要とします。ボランティア活動の場合も、反復練習の重要性は、他の学習分野の場合となんら変わりません。それゆえ、子どもたちの反復練習を支援する世間の空気が不可欠です。そうした空気を醸成するものが個々の家風

であり、家訓であり、校風であり、校訓であり、時には教育政策であったのです。その具体例としては、「小さな親切運動」や「セツルメント運動」等がありました。最近では、総合的学習も選択肢に入ります。少年教育におけるボランティアの必修化は、社会の同意なくしてはできません。まずは大人たちがさまざまな「手本」を示すことで、ボランティアの風が起こらなければ、少年の意欲は喚起できません。そのためには日本型ボランティアの人口はまだまだ少数派なのです。

4　少年にとっての価値の「先在性」

少年教育の前提は、彼らがまだ未熟で主体的に判断を下す自立した個人ではないということです。それゆえ、少年に対するボランティア精神の学習は「モデル」や「型」を提示するところから始めざるを得ないのです。ボランティアの精神はやさしさや親切やいたわりの具体的な実践を支えるものです。しかし、残念ながら、成長の途上にある少年がこうした精神の価値を自分だけの力で理解できるとは考えにくいということです。

どの国も、どの社会も、少年教育の目指すべき価値と方向を示しています。それぞれの社会の歴史と文化は、過去の経験を踏まえた多くの価値をすでに築いてきています。ボランティア精神についても同様です。共同生活における「やさしさ」や「思いやり」は人間にとって価値あるものであるという歴史的前提があるのです。それが価値の「先在性」――筆者の造語。子どもの生まれる前からその考え方は社会に存在していたという意味――です。ボランティアに象徴される他者貢献の価値は、子どもの意志や欲求の前に「先在」しているのです。価値の「先在性」こそが少年に対するボランティア教育の原点なのです。先在する価値はときに、「神仏の言葉」として示され、あるいは時に、全体社会を維持・発展させるための「道徳や倫理」として示されています。ボランティアが象徴する「助け合い」は人間にとって美しく、かつ、不可欠の倫理なのです。「共生」のための倫理でもあります。これらの倫理は、当該社会の歴史的前提として「先在的に」提示されているのです。かくして、少年教育の最大特徴は、ボランティア教育も含めて、「先在する価値」をきちんと教えることなのです。

教えない限り、少年は歴史的に「先在」している価値の前提を理解しません。高度で複雑な価値ほど理解には時間と経験を要します。最初から、活動の意義を理解した上でボランティア活動に参加する少年はめったにいません。大部分の少年は自らの行為の意味や価値がわからない場合でも、社会の推奨に従い、自分を取り巻く親や教師や先輩の励ましと賞賛に元気づけられてボランティア活動に参加するのです。すなわち、初めは、行為の意味がわからなくても、社会的に評価を受け、励ましを得ることによって、自分に与えられた役割を演じることができるようになるでしょう。人権教育も、男女共同参画も、国際化も子どもが簡単に理解できる価値ではありません。思いやりや助け合いも簡単に体得できる価値ではありません。それゆえ、学ぶべき「価値」の真意が十分にわからなくても、「価値」を体現する行為は実習させなければならないのです。

換言すれば、少年が「思いやり」の意味をわからなくても、「親切な行為」は教えなければならないのです。それゆえ、反対に、子どもたちが「親切な行為」を実践していたとしても、彼らはまだ本心から親切の意味を理解していないかもしれません。同じように、子どもたちのいたわりの言葉も、やさしい振る舞いも、彼らの心から自然とにじみ出てくるものではないかもしれません。彼らは社会により、周りの大人たちにより、「いたわり」の型、「親切」の役割を教えられる途上にあるのです。

すなわち、「親切とは価値あることである」、「いたわりは美しいことである」ということを学ぶ「過程」にあるのです。彼らはその発達途上において、親しい大人や社会から寄せられた役割期待に応え、「親切」を演じ、「いたわり」を実習します。このように社会が掲げる多くの価値はまだ少年自身が十分に得心しているところではないかもしれません。また、彼らの実習も真に身についたものとはなっていないかもしれません。結果的に、少年の心の中で、行為と心情が分裂してしまうこともあります。子どもたちの思いと行いとが分離し、「親切」が単なる「役割の演技」に留まってしまったとき、子どもは親切を演じる「ぶりっ子」になるのです。少年の道徳教育やボランティア学習が多くの点で「偽善」の匂いを避けることができないのは、彼らの行為と彼らの思いとが分裂しているからです。しかし、筆者は少年教育の結果が「役割演技」では駄目だなどというつもりは毛頭ありません。むしろ「偽善のすすめ」こそが少年に「価値」の実践を教える方法論の核心だからです。

5 「偽善」のすすめ

子どもが学ぶべき基本的価値や態度は子どもの生まれる前から決まっています。筆者はそれを「価値の先在性」と名づけたことは既述した通りです。しかも、子どもは、教えられることなく、自分が学ぶべき価値の意味や意義を会得することがむずかしいのも理の当然です。

それゆえ、少年教育は、彼らが自らの行為の意味や価値がわからない場合でも、社会の判断を優先して教えなければならないのです。単刀直入にいえば、少年教育の方法は社会の必要を優先して、「強制」と「賞賛」を組み合わせて体得させることです。強制も賞賛も主として親や教師や先輩の役割です。身近な人々の励ましと賞賛に元気づけられて、子どもは徐々に設定された役割を取得していきます。このプロセスは通常「役割取得」と呼ばれます。

役割取得とは、身近な人々の指示や態度や振る舞いを通して言葉遣いや礼節や道徳や生き方を身につけていくという意味です。

高校の入試に際し、受験生の「ボランティア歴」が評価の対象になって以来、「にわかボランティア」が増えたといいます。彼らは試験対策のためにボランティア活動に参加しているのですが、池本薫氏は活動の意義に免じて「大目に見たい」と指摘しています。*筆者も大賛成です。入試の評価対象にするということは、社会が必要と判断して推奨するということと同義です。「にわかボランティア」は確かに功利的で偽善の臭いのする行為ですが、少年はその過程でさまざまな価値ある役割を取得するのです。子どもが役割を取得するエネルギーは、「ほめてもらいたい」、「認めてもらいたい」などの一心から出てくるのです。それが「入試で有利になる」ということであってもいいのです。

*池本薫「社会変革を目指す視点を」『ジャーナリストからみたボランティアの論点』前掲書、一〇頁。

人の心理において本音と建て前が異なるように、親切心と親切な行為は必ずしも同じではありません。やさしさとやさしい態度も同じではありません。少年は人々の期待に応えようとして定められた「建て前」の通りに振る舞おうとするのです。それゆえ、少年の中で本音と建前が分裂します。思いと行為の分裂が「偽善」を発生させるのです。多くの場合、少年の「偽善」は彼らが価値の実践に向かって努力していることを意味しています。少年の思いももちろん大事ですが、期待された行為を実践することはもっと大事なのです。

いくらその人のことを思っていても行為にあらわすことができなければ、親切もやさしさもこの世で力を発揮することはできません。思いは別のところにあったとしても、親切な行為ややさしい態度は多くの人を助けることになるのです。ボランティアの実践が「入試のため」であっても、それが社会貢献の行為である限り、立派に世の中の役に立つのです。建前と本音の分裂は、確かに「偽善」の匂いがしますが、まず実践してみることこそ少年がボランティアを学ぶ重要なカギを握っているのです。建て前通りの振る舞いは彼らの精一杯の「役割演技」と考えてやりたいのです。

「愚か者」の真似も三年すれば、本物の「愚か者」になってしまうのたとえで、「親切」や「いたわり」も三年続ければ真の「やさしさ」に近づくでしょう。少年たちの多くが、たとえ他者への「見栄」で始めたとしても、親切やいたわりを数年に渡って演じきれば、本物の「親切」や「いたわり」と変わらぬものに育っていくのです。少年期の教育は不可避的にこの「偽善」の過程を通らざるを得ないのです。

子どもに限らず、人は「居甲斐」のためには、誰もが社会的承認を必要としていると書きました。まして、今まさに発展途上にある少年にとって社会的承認はなによりも不可欠です。少年の行為や態度は、身近な人々の承認を通して社会に受け入れられ、世間の励ましと賞賛に置き換わっていくのです。それゆえ、多くの少年が実際には本人の気持ちと異なるにもかかわらず、「ほめてもらいたい」「認めてもらいたい」一心で社会が期待する役割を演ずるのです。この過程こそが社会化における役割取得のプロセスです。建て前通りの振る舞いは彼らの精一杯の「役割演技」だからです。たとえ、少年の行為にうわべだけ、建前通りの「偽善」の匂いがしたとしても、少年は「偽善」を通して価値の「実践力」を獲得していくことができるのです。「偽善」のすすめこそが、少年の発達の重要なカギを握っているといえます。

6 「他律」によって「主体性」と「自主性」を育てる

ボランティアの根本の精神は「主体性」です。「自主性」と言い換えてもいいでしょう。ボランティア論者の多くは、人間の主体性をなによりも大事であると論じますが、少年の主体性は自然発生的に育つものではありません。環境や社会への関心も同じです。しかし、ボランティア論の多くは、子どもの関心や主体性がどのように形成されるかについては必ずしも留意していないようです。ボランティア教育についての議論も稀薄です。

大人のボランティアは彼らの主体性が前提になっているため、「主体性」の有無や是非については既成事実化されています。活動に参加するかしないかは、自分が決め、自分で選ぶに決まっています。活動を停止する場合も当然自分の判断です。しかし、この原則を「少年」のボランティア活動にそのまま適用するには無理があります。発達途上の子どもに初めから「主体性」があるわけではありません。初めから「関心」があるわけでもありません。

大人の「主体性」も社会人の建前であって、実際には「主体性のない大人」も「問題の多い主体性」もさまざまに存在します。それゆえ、少年のボランティアが少年の「主体性・自主性」から出発できるとは考えにくいのです。まして、ボランティア活動に限らず、「自主性」も「主体性」も軽々に彼らの活動の前提にはできません。それらを育てることこそ少年教育の主要な目的の一つだからです。「主体性」と「自主性」を損なうからという理由で少年のボランティア教育の必修化に反対するのは、「いまだ身につけていないもの」を前提にするという意味で論理矛盾といわざるを得ません。

ところで、表記の小見出しは一見矛盾と写るかもしれません。通常、「他律」は「自主性」の反語だからです。しかし、幼い子どもが「自分でやれる」ようになるのは、しつけを通して「自分でやらねばならない」ことを教えられることから始まります。

それゆえ、自主性は他律によって育てる、つまり「自分でやりなさい」ということは他人が教えなければならないのです。「自分ですること」は「自律」ですが、「自分ですること」は「他律」によって教えられるのです。「他律」の中で「自主性」を育てる、とはそういう意味です。

子どもに最初から自主性や自制心があるわけではありません。あるのは自我と呼ばれる自己中心的な「欲求」です。しつけをきちんとしないで、子どもの「欲求」を放置すれば、彼らの言動は欲求に支配されることになります。しつけと教育が欠如すれば、放縦と勝手気儘が自己増殖を始めるのは自然の成り行きです。

子育てや少年教育の基本原理は、自然にそう「なる」のではなく、そうなるように「する」のです。子どもは自主的に行動するように「なる」わけではなく、子どもが自主的に行動するように「する」のです。筆者が主張してきた「しつけを回復」することも、「教えること」を重視することも、幼少年教育は「なる」ではなく、「する」であるという点から出発しています。現在の就学前教育や小学校教育の指導法を「子ども重視」型から「指導者重視」型に変えなければなりません。換言すれば、少年教育は、「自律」重視型の指導から「他律」重視型の指導へ転換しなければならないのです。特に、子どもを「宝」とする日本の幼児教育は、現在、圧倒的に「自律」重視型になっています。鉄は熱いうちに打て、という意味は、幼少期の教育は「他律」重視型の指導で行えということです。同じことが少年のボランティア教育に当てはまることも当然です。

重要なことは、少年の自主性や主体性の成長を待ってボランティア教育を行うのではなく、ボランティア教育を通して少年の「主体性」と「自主性」を育てるということです。育てるべきものが「自主性」であるなら、他律の教育において、「自分でやりなさい」、「自分で決めなさい」と指示・命令・指導していく機会をつくっていくしかないのです。「責任感」を教えるにも、「協力」を教えるにも、その第一歩は、「他律」の指導の中で「責任を取らせる」機会をつくり、「協力せざるを得ない」

状況を設定することです。
少年に対する「価値」の指導は、指導者との約束の中で、子どもがそれぞれの課題を「自分でやってみる」ということです。そのときにこそ指導者が従うべき「型」や「モデル」を提示し、「試行錯誤」の範囲を設定し、「君ならできる」と「応援」のメッセージを送り続けることが肝要です。日本文化の子育ての教訓の核心は「他律のすすめ」です。「可愛い子には旅をさせよ」も、「辛さに耐えて丈夫に育てよ」も、「若い時の苦労は買ってでもさせよ」も、すべて「他律のすすめ」です。結果的に「他律の中の自律のすすめ」になるのです。これらの格言はすべて「させよ」という他動詞で終わっていることに注目すべきです。* ボランティア・スピリットはボランティア活動を通して教えよ、ということです。

*他律の重要性については、拙著『しつけの回復　教えることの復権』前掲書、をご参照下さい。

7　ボランティア教育と「お手伝い」の三類型

お手伝いには三つの類型があります。第一類型は、義務的貢献です。家族による役割の強制的分担がそれです。現代っ子はいざ知らず、多くの先輩社会人はお手伝いによって社会の仕組みを垣間見たことは言うまでもありません。お手伝いの中身はさまざまです。子どもの手伝いとはいえ、事と次第によっては、家族生活の不可欠な役割の場合もあります。不可欠である以上、その役割が果たされないとき、家族の生活に支障が出るわけですから、選択の余地はありません。原則として、手伝いをさせるか、否かについては、子どもの希望も、言い分も聞くことはありません。不可欠の役割は義務として与えられるのです。この場合の手伝いは労働そのものであり、家族の一員としての義務でした。生活が貧しかった時代にはこの種の手伝いは普通に存在したのです。「貧しさ」が子どもの社会化の「先生」であった時代です。

第二の類型は、「教育的カリキュラム」としてのお手伝いです。お手伝いは、役割と責任の教育的分担であり、家庭の教育活動の一環です。文明の豊かさの中では、子どもが家事を分担しなければ、日々の生活が成り立たないという事情はあまりありませんが、親は、家庭生活の成り立ちを教え、将来の社会生活に備えて、共同と責任と役割分担を子どもに教えるのです。手伝いの背景には子どもが学ぶための「隠れたカリキュラム」があります。手伝いの主たる目的は「労働」ではなく「教育」ですから、状況が切羽詰まっていない分だけ、家庭環境の中で「手伝い」をさせる必然性は希薄になります。それゆえ、親の指導力が試され、知恵を絞らねばなりません。当然、ある程度は子どもの希望や言い分を聞くことになります。しかし、子どもが関心も、同意も見せないとき、強制から動機づけまで、親はさまざまな教育的指導を行わなければなりません。そうした指導ができなくなった現在は家庭教育の崩壊と呼ばれています。

第三の類型は、子どもの「自発的活動」としてのお手伝いです。子どもは家庭の内外で自分の役割を取得します。「自発的活動」は、子ども自身の関心、好奇心、意欲、思いやり等を原点とする手伝いですから、当然、すべてを子ども自身に任せて、褒めたり、励ましたりすることが一番重要です。親が喜んでみせることが家族による「社会的承認」になります。家族は子どもの質問や助言の要請があった時だけ、必要な指導を与えればいいのです。なによりも、子どもの気持ち、自主性、積極性を汲んでやりたいからです。

三つの類型のどの場合をとっても、子どもは家庭のお手伝いのプロセスを経て、役割を取得し、責任の意識を学んで行きます。共同生活の成り立ちについても理解します。お手伝いは主として家の中、家庭生活のことについての理解と実践ですが、同じ発想を社会生活に拡大すればよいのです。少年のボランティアの中身や方法との共通性に気がつくでしょう。基本は上記の三つの類型です。一番望ましいのは第三類型の子ども自身の自発的活動であることは論を俟ちません。とは言え、実際にはそうは簡単に問屋が卸しません。教育の原則が示す通り、やったことのないことはできず、教わっていないことはわからないからです。ましてボランティアは家事手伝いの何倍も複雑で、第三者に影響を及ぼす社会的活動です。それゆえ、少年のボランティア教育は、第一に義務的活動として監督者が設定し、第二に教育的活動として実習のプロセスをカリキュラム化しなければならないのです。

8　学校教育の中のボランティア教育――「必修クラブ」の発想

クラブ活動は本来自発的で、主体的で、自由なものです。その点でクラブ活動はボランティア活動と原理的に共通しています。現在、学校は、子どもの発達を支援する目的でクラブ活動を導入しています。特別活動のように、カリキュラムに位置づけ、「クラブ活動」を必修にする場合が多いのも子どもの関心と集団活動を組み合わせることが教育上効果的だからです。「必修クラブ」制とは、クラブの選択は自由であるが、クラブ活動に参加することを義務づける、という仕組みをいいます。

子どもの家庭教育を意識している親が「必修お手伝い」を発想するのと同じです。豊かな社会では、家庭生活に不可欠な義務的労働、強制的役割分担はほとんど消滅していますから、保護者の指導がなく放置すれば、子どもが自発的に手伝うことはまず期待できません。結果として、現在行われているお手伝いの大半は、教育的配慮に基づく、「必修お手伝い」制による役割分担の指導ということになります。お手伝いの中身・方法については子どもの選択を認めるが、「手伝わない」という選択肢は認めないという発想です。

社会がボランティアを重要な社会的機能であると認めるならば、学校のボランティア指導も「必修クラブ」の発想に倣うべきでしょう。子どもは、自分の興味・関心に基づいてどんな活動を選んでもいいのですが、ボランティア活動に参加しないことは認めない。部分的選択を許しながら、教育の名による強制を行うという仕組みです。教育指導に基づく「外枠」の強制とボランティアの自主性に則った「内側の自由」を組み合わせることになるので、現行の「キャリア教育」と類似のやり方になるのです。「すること」は「他律」ですが、「何をするか」は「自律」に任せるというやり方です。この点で少年のボランティア教育は成人のボランティアの選択と根本的に異なります。成人には活動の選択権は無条件で保証されます。ボランティアは成人の主体性を前提にしているからです。参加する自由も、参加しない自由も保証されています。

しかし、子どもは別です。子どもを本気で指導しようとするのであれば、ボランティア活動における「主体性」の原則は一時「棚上げ」しなければなりません。他律による「主体性」の育成こそが少年教育の主要課題だからです。

7

「日本型ボランティア」の効用

あらゆる社会貢献活動は「やさしさ」の表現です。それゆえ、ボランティアの効用は第一に「やさしさ」を創り出すということです。また、やさしい行為は、そのやさしさのゆえに行為者と受益者を共感的人間関係で繋ぎます。日本型ボランティアの第二の効用は、活動の成果ややり甲斐を生み出し、人々の感謝や「社会的承認」を得て、人生に「張り合い」をもたらすことです。日本型ボランティアは「さびしい日本人」が「生き甲斐」を探し求め、他者との絆を形成する生き方として選択した社会貢献の方法です。退職後の人生において、生涯ボランティアとして社会を支え続けようとする生涯現役の生き方こそが「生き甲斐」をもたらすのではないでしょうか。

1　日本型ボランティアは「やさしさ」を創造します

共同体の衰退後、現代の日本人は「共同体の構成員」から自由な「個人」として生きることができるようになりました。「個人」の「生き方」はそれぞれの選択に基づく「自分流」が許されるようになったのです。「自分らしい人生」は今や時代の標語になったかのようです。しかし、自由を主張する個人は、自ら他者と関わろうとしない限り原理的に独りぼっちということです。もとより「自分流」を主張し、「自分らしさ」を標榜する以上、「生き方」の責任は己に帰着します。「自分流」の裏側は「自己責任」になるからです。それゆえ、個人もまた誰かに繋がり、どこかで生き甲斐を見つけなければ孤立します。孤立も孤独も生き甲斐の喪失も、この世のさびしさは堪え難いことですから誰もが生き甲斐や絆を必要とします。しかし、生き甲斐を見つけるのも他者と繋がるのも決して簡単ではありません。帰属したい集団が見つからなければ帰属のしようがなく、連帯も絆もあり得ません。その時こそ、自分流の生き方が試され、自己責任の意味が問われます。自分流の人生では、自分の居場所は自分で見つけ、生き甲斐は自らが創り出すしかありません。連帯も絆も、ぬくもりも出会いも自分で見つけ、自分で創り出すことが求められます。自由な個人にとって生き甲斐の探求は「自己責任」になったのです。個人がそれぞれの権利を求め、自己を主張すればするほど他者との摩擦も増え、「生き甲斐」の自己充足は簡単ではなくなりました。

地域の教育力が衰退したことから災害時の助け合いを論じるとき、お互いご近所の顔も名前も知らないといった状況こそが現代のコミュニティ問題の根源であると多くの人が主張します。孤立や孤独に端を発する孤独死や引き籠りが解決できないのも、現代の地域社会の人間関係が希薄だからであると指摘します。しかし、はたして、そうでしょうか？

筆者は、現代の地域社会の最大の問題は、「地縁」の人間関係が薄れたことではなく、「志縁」の人間関係が形成されていないことだと考えています。人間関係が自由な個人の選択に基づくようになった以上、地縁の人間関係を築き直す方が無理なのです。現代は「選択」の時代です。「付き合いたい人」とだけ付き合い、「付き合いたくない人」とは付き合わないというのが選択的人間関係です。

結論的にいえば、現代の地域社会に課題の解決力がないのは、日本社会に自由な個人がそれぞれの選択で自由に貢献するボランティアの風土が形成されていないからです。近隣に日本型ボランティアやＮＰＯなど市民活動の経験者が決定的に不足していることこそ最大の問題なのです。

これからの地域社会を担うのは、社会貢献を通して他者と関わることを学んだ「さびしい日本人」です。あらゆる社会貢献は、直接間接に他者を支援する「やさしさ」の表現です。日本型ボランティアは自分のための「生き甲斐」としての社会貢献ですが、災害時の救援活動を起点とした貢献活動は日本社会に従来の地縁を越えた「やさしさ」を創り出しました。自立した「さびしい日本人」はボランティアという新しい生き方を選択したことによって、自助、共助、公助を組み合わせてお互いを助け合う新しいコミュニティを目指し、他者との連帯と絆を希求しているのです。社会貢献の方法を採用したことで「さびしい日本人」は、必然的に「やさしい日本人」に移行していきました。「さびしい日本人」が自由に発想したボランティアやNPO活動は人々を連帯に導いたにとどまらず、「やさしい日本人」を組織化することになったのです。

ボランティア文化を受け入れた日本人は共同体を離れた新しいタイプの日本人です。ボランティアを通して生き甲斐や連帯を摸索する「新しい日本人」の試行錯誤は、今や「やさしい日本人」を新生させつつあるのです。換言すれば、誕生した「新しい日本人」も「やさしい日本人」も、その活動が広がるに連れて、従来の共同体の慣習や考え方を一層の衰退に導きます。当然、町内会や子ども会や婦人会のような「地縁」を核とした人間関係は今後ますます衰退していきます。地縁の人間関係は原理的に個人の主体的選択による「審査」を受けていませんが、自由に生きる新しい日本人は「地縁」で繋がっているのではなく、「志縁」や「活動の縁」で連帯します。それらは「選択された縁」なのです。行政が現在展開している町内会を疑似共同体と見なすようなコミュニティ構想が機能しないのはそのためです。

2 日本型ボランティアは「生き甲斐」創造の舞台です

(1) 生き甲斐の構造

生き甲斐は、「居甲斐」と「やり甲斐」の二大要素で構成されています。生き甲斐の創造において、どちらも不可欠な条件です。「居甲斐」とは「絆」を求める概念で、「さびしい日本人」が日本型ボランティアに巡り逢ったプロセスを説明するのに不可欠な考え方です。居甲斐を感じるとは、自分の居場所を確保し、自分の存在意義を確認できるという意味です。「確認」させてくれるのはあなたを取り巻く「共感的」人間関係です。「居甲斐」とは、文字通り、〝ここに居る甲斐〟の意味ですから、あなたを支える大切な人々の総体です。あなたを支えるのは、あなたを取り巻く好意的で、共感的な人間関係です。換言すれば、「この人たちと会えてよかった」という人間関係です。「居甲斐」を構成する人間関係は二種類あります。第一は、あなたを対象として、「愛してくれる人」・「必要としてくれる人」・「『あなたと会えてよかった』と言ってくれる人」です。第二は、反対に、あなたの側から見て、「愛する人」・「必要とする人」・「『この人がいてよかった』とあなたが思う人」です。当然、両者は多くの場合重複しています。これらの方々は、あなたの心の支えであり、存在のよろこびです。これらの方々は、あなたに拍手を送り、あなたの日常を支え、励まし、癒し、人生の意義を共に確認してくれます。これらの方々は、世間を代表して、あなたの行為や存在について「社会的承認」を与える役割を担っているのです。あなたを取り巻く好意的人間関係群は、かつてG・H・ミード*が「特別他者」と命名した人間関係に似ています。ミードは、少年期の人格形成論において、子どもを取り巻く人々の「役割期待」に子ども自身が反応していく過程を観察しました。子どもが人々の期待に応えて、徐々に「役割」を取得してゆく過程を「役割取得」の理論と呼びました。そのとき、子ども本人を取り巻く人間関係を「特別他者、または意義ある他者（Significant Others）」と「一般的他者（Generalized Others）」に分けました。「一般的他者」とは、社会一般、世間一般のことを意味しますが、「特別他者」とは、子どもにとって大事な人々という意味です。子どもは、まず、自分にとって親しく、意義のある「他者」の期待に応えて、少しずつ自分の果たすべき役割や態度を身につけていくという分析をしました。ここでいう、〝あなたを取り巻く好意的な人間関係の総体〟とは、ミードの言う「特別他者」に酷似しているのです。幼少年期も、高齢期も、人々の居甲斐は人間関係一般に支えられるのではなく、「特別他者」との人間関係に支えられるということです。

*Mead. G. H.（1863-1931） アメリカのシカゴ大学を拠点として活躍した社会心理学者、シンボリック相互作用論の創始者。自我の発達において、個人と当該個人を取り巻く親しい人々との相互作用を最も重視しました。人間関係にあらわれる身振りから言語的会話にいたるまで、子どもは自分自身を特別の他人から「期待されている自分」と見ることによって役割を取得していくという「役割取得」論を主張しました。

しかし、どうすればあなたはあなたに好意的な人々に会うことができるでしょうか？　原理的な答は簡単です。あなたに好意を持ってくれる人は、あなたが好意を持った人であり、あなたの貢献を感謝している人です。ボランティア活動は他者の役に立つ活動ですから、この二つの条件を瞬時に創り出すことができるのです。日本型ボランティアは、実践を通した人々のやさしさの表現であり、連帯を希求する表現です。ここでいう表現は自己表現の意味ですから、活動の主要目的は「自分のため」です。ボランティアの実践には「自分のため」と「他者のため」が分ち難く混在しているのです。自分のための自己表現が、支援対象である相手に感謝や喜びを持って受け入れられたとき、両者はお互いに気持ちの通い合うものを感じます。それが共感的人間関係の成立です。

「居甲斐」を説明しても、共感関係を説明しても、それを経験したことのない人には、言葉だけではなかなか「見えにくい」概念です。共感も居甲斐も、他の感情概念と同じように体感して体得するしかわかる方法がない種類のものです。理解といわずに体感とか体得といわざるを得ないのは、言語や頭で理解するものではなく、人間の全感覚で理解するものだからです。日本語が「身に滲みる」とか「腑に落ちる」とか、「身につく」と言ってきた感覚は体得の感覚です。日本型ボランティアの生き方は人々の試行錯誤の実践から生み出された論理であり、机上の知識が生んだ論理ではありません。共同体の衰退によって共同体的連帯を失った自由な個人は、孤独と孤立のさびしさや不安に突き動かされて居甲斐を求めて彷徨《さまよ》う過程でボランティアに出会ったのです。もちろん、彼らの「さびしさ」も「不安」も体感した者にしかわからない感情でしょう。筆者も「さびしい日本人」の一人としていろいろ模索を続けてきたので、そうした感情がわかるのです。

野村総合研究所はこの過程を「心の投射と投入」という概念で説明しています。*「投射」とは「自分の思い」を他者に「投げかける」ことです。自由な個人は、ボランティアの貢献活動を通して、自分の思いを他者に投げかけます。一方、「投入」とは相手の状況を想像して相手の思いを自分の中に取り入れることです。当然、相手も同じ感情のプロセスを辿ることになります。相手の気持ちがわかり、こちらの思いが通じたとき、私たちはその人と「波長」が合うといいます。しかし、それぞれの思いを「投射」することも「投入」することも、媒介するものがない「手ぶら」の状況では極めて困難です。ボランティア活動がその媒介機能を果たすのです。ボランティアの最大の特徴は、人間関係の「投射」と「投入」のプロセスを他者支援の活動によって媒介するということです。社会貢献や他者支援は世間にも、相手にも最も受け入れられやすい行動であることがボランティア活動の最大の強みなのです。支援の思いが通じて、自分が働きかけた相手が己を受け入れてくれたということは、相手も同じような心のプロセスを辿ってお互いに共感的関係を実感するのです。ボランティアは、社会貢献活動を媒介として、人間の「共感」を創造する活動と呼んでも間違いではないでしょう。

＊野村総合研究所総合研究本部編『共感の戦略』野村総研情報開発部、一九九一年、一六〜一七頁。

自分が感謝を持って相手から受け入れられ、自分と波長のあった人々と出会えば、まさしく「好意的人間関係」が成立するのです。「あなたに会えてよかった」という人々との出会いこそが人をさびしさから解き放ってくれるのです。人々は人間関係一般に支えられるのではなく、「自分を取り巻く好意的な人間関係」によって支えられるのです。それが「居甲斐」です。それゆえ、あなたを取り巻く好意的な人間関係を形成することができなければ、自由な個人も孤立します。日本型ボランティアは無から有を生じるように、これまで関係のなかった人間相互が社会貢献を契機とした心の投射と投入によって「共感者」を生み出し、実践者の「居甲斐」を形成することになるのです。

孤立も孤独も発生原因の第一は「居甲斐」の喪失です。さびしい日本人が、自己主張がぶつかり合う冷たい世間の中で、「マイホーム」主義化していったのも、小グループにセクト化していったのも懸命に居甲斐を求め、己の居場所を守ろうとした結果だったのでしょう。しかし、マイホームの中でも、少数セクトの中でも、共感関係を生み出し、他者との絆を確保することは簡単ではありませんでした。家族も、グループのメンバーもまた自由な個人であり、それぞれに自己を主張し、欲求の充足を求めたからです。共通の目的と実践を持たない個人の欲求は当然ぶつかり合います。それが家庭に起こったとき、家庭は「ホテル家族」などと呼ばれる肉親のバラバラな集合体になりました。共同体から離れた最小単位の家庭やグループの中にも連帯や絆を見つけることのできなかった日本人は真にさびしい日本人にならざるを得なかったのです。「さびしい日本人」は共感者を喪失していたのです。日本型ボランティアは連帯を希求する自分の欲求を他者への貢献を通して実現することを学んだのです。

(2) ボランティア活動は出会いの舞台です

上記の通り、「さびしい日本人」の危機は、「居甲斐」喪失の危機に始まります。「居甲斐」喪失の危機とは、あなたを取り巻く好意的な人間関係が希薄であるということを意味します。換言すれば、あなたと他者との絆が貧しいということです。自由な個人として思い通りの人生を生きられるようになったとしても、自由に、思い通りに生きているだけで友好的な人間関係を築けるということにはなりません。自由も、思い通りも自己本位的ですから、他者の役に立つ生き方には繋がりにくいのです。通常、他者はあなたの好意に好意を持って報い、あなたの親切に感謝を持って対応します。あなたも他者に対しては同じようにするはずです。共感は共に得るところのある双利共生の行為の中からしか生まれないのです。他者のために役立っていない人、他者に好意的な感情を「投射」していない人は、他者から好意をもって受け入れられることは難しいということです。それゆえ、日本型ボランティアこそが親切や感謝の「投射」と「投入」のプロセスを含んだ双利共生の活動なのです。ボランティア活動は共感できる他者との出会いの舞台なのです。

あなたが、自由な個人として自己都合のみを優先し、自己主張だけを続ければ、他者があなたに好意を持つことはまずあり得ません。相手もまたそれぞれに自由な個人として自分の希望や欲求を実現したいと望んでいるからです。個人の自由な欲求は必ずどこかで相互に「衝突」する宿命を孕んでいます。自分の思いだけを通せば相手の思いが立たず、相手の言いなりになるだけでは自分の欲求は実現できません。自由な個人の人間関係には双利共生を基本とした調整や妥協が不可欠になるのです。自己欲求の調整こそが自由な個人に課された日常の試練であったといっていいでしょう。日本型ボランティアは双利共生を原理とした実践です。それゆえ、他者との交流の中であなたの思いが通じなければ、好意的な人間関係は成立せず、あなたは孤立せざるを得ないのです。

従来の職場集団は共同と親密さを共有するある種の疑似共同体の条件を持っていました。共同体文化の影響は企業にも役所にも色濃く反映され、会社もまた「会社共同体」であった時代が長く続きました。しかし、今や終身雇用の時代は終わり、派遣労働者や契約による非正規雇用の割合が増加しました。人々が結社の縁、職縁を頼りに連帯や絆を形成する時代は終わったのです。

さらに、労働環境における共同体文化が終焉したように、機会化、自動化、分業化などによって労働そのもののあり方が変わりました。連帯や絆は共有した目的や目標追求活動の共通性を前提にして成り立ちますが、労働という目標追求行動があまりにも分断され、単純化され、もはや個人のやり甲斐に応えることも、連帯を創り出すことも困難になったのです。企業でも役所でも、社員や職員には同じ組織で働くという物理的・空間的共通性だけが残されました。居住地区において住民がたまたま同じ地域に住んでいるという事実だけが残った現象と似ています。「同じ空間で居住している」あるいは「同じ空間で仕事をしている」という事実だけで「居甲斐」を形成することは至難のわざであることは当然でしょう。

共同体から自立したはずの自由な個人にとって現代の労働は極めて「非情」だといわざるを得ません。労働における自由競争と自己責任の風潮は人々を分断しました。また、成果主義の評価システムはプロセスを重視しないので、人間同士をますます引き離す結果になったのです。そうした中で人々は自分流にこだわり、自分の欲求の実現を主張すればするほど「居甲斐」を見失い「人間砂漠」を生み出すことになっていったのです。

職場の競争原理も、契約制も、成果主義も、自己責任も、自分主義や自己中や孤立に繋がります。当然、共感的人間関係の形成にはマイナスの働きをします。自分主義や自己中や孤立が連帯の反意語であることは明らかだからです。人間砂漠という表現は、連帯したくても連帯できなかった自由な個人の迷走の結果を言い得て妙です。

したがって、「居甲斐」を見失った者は、意識的、計画的に、従来の「縁」に代わる「新しい縁」を探し続けなければならないのです。地縁にも、職縁にも、結社の縁にも「居甲斐」を見つけることが困難になったとすれば、それら以外の縁を探さなければなりません。その縁こそが「活動の縁」、なかんずく「志の縁」です。そして「活動の縁」も、「志の縁」も同時並行的に創り出すことができるのがボランティアです。

(3) ボランティアは労働と並ぶ「やり甲斐」の舞台です

「やり甲斐」は、人間の行為に関係し、活動から生まれます。「やり甲斐」は、①活動の成果、②社会的承認を伴う達成感、③あなた自身の機能快の三要素で構成されています。「やり甲斐」の第一要因は活動の成果ですから、活動の継続を前提とします。行為のないところ、活動のないところに「やり甲斐」は存在しないということです。また、活動の成果を上げるためには、日々の生活に目標の設定、方法の工夫、実行の努力が不可欠です。目標が達成できれば当初期待した成果を手にすることになります。仕事でも趣味でも、やろうとしたことが、思い通りにやれたときの成果がやり甲斐の第一要件です。

やり甲斐の第二要件は、達成感です。もちろん、成果が出た以上、達成感は一人でも実感することはできます。しかし、通常は、第三者の評価や承認や同意を必要とします。ひとりよがりや自己満足では人間の精神の渇きを癒すことは難しいのです。おのれを誇って、自分の生きているうちに、銅像を建てたり、石碑を建立したりする人がいるのも、おのれの事績を世間に見せて、第三者の同意や承認を求める心理です。心理学者は、人々の拍手や賞賛を「社会的承認」と呼んで、人間が生きていく上での重要な精神的糧であると論じています。独りよがりでは成功を実感できない社会的動物としての人間の性《さが》だということでしょう。人が社会的承認を必要としたとき、最も身近で応援や賞賛を与えてくれるのが、ミードの言う「特別他者」です。すなわち、あなたを取り巻く好意的な人間関係です。このとき、「居甲斐」の基礎となる、あなたに好意的な人々に達成のよろこびを共有してもらうことであなた自身の達成感が増幅されるのです。

第三の要件は、機能快です。ドイツの心理学者カール・ビューラーが提唱者であるといわれています。日本では大分前に渡部昇一氏が『人間らしさの構造』*で人間らしさを構成する要因の一つとして紹介しています。「機能快」とは、人間が自分の持つ能力を発揮したときの快感をいいます。

*渡部昇一『人間らしさの構造』講談社学術文庫、一九七七年。

子どもの発達を見ていると、疑いなく彼らが機能快を感じている場面に遭遇します。走れる子どもは走りたがり、歌える者は歌いたがります。大人の指導に耐えて、できなかったことができたとき、彼らの顔が輝きます。人間には自分に与えられた機能を発揮したいという欲求が内在し、その欲求が実現できたときに感じる快感です。「できなかったこと」が「できるようになること」も、過去と比べて上手にできたときも、ある種の快感を感じることは日常経験するところです。自分の能力が試され、自分自身が課題に応えて、立派に為し遂げたという己の能力の実感が「機能快」でしょう。大部分の人間はだれでも何かができます。長谷川　幹氏はしょうがい者を「弱点のある人」と定義すると同時に「潜在的な力が残っている人」と理解すべきであると提言しています。しょうがい者を「潜在的な力が残っている人」と理解することによって、しょうがい者によるボランティア活動を重視しています。* 同じ論理は、当然、しょうがい者以外の人々にも適用することが可能でしょう。高齢者にも、子どもにも同じような潜在的な力はあるはずです。社会貢献が重要なのはその力を発揮することの過程に生き甲斐の全要素が含まれているからです。子どもにはボランティア教育を、高齢者やしょうがい者にも社会貢献実践のステージを準備することには計り知れない意義があるのです。ボランティアは労働と並んで「やり甲斐」を生み出す大切な舞台なのです。「社会に役立っていると実感できるのがボランティアです」**。他者からの承認によって「役立ち感」を実感できれば、藤沢周平が言う「世の無用人」*** となった不安から解放されるのです。

*長谷川 幹『あせらずあきらめず地域リハビリテーション』岩波アクティブ新書、二〇〇二年、一六九頁。
**読売新聞生活情報部編『ゆうゆうシニアライフご指南帖』生活書院、二〇〇七年、一七二頁。
***藤沢周平『三屋清左衛門残日録』文春文庫、一九九七年、二一頁。

日本社会には少年に対するボランティアの実践的教育の機会が不足し、しょうがい者や高齢者の社会貢献を促す顕彰のシステムがあまりにも希薄であることが問題なのです。

(4) 「やり甲斐」の喪失

「やり甲斐」の危機の大部分は、あなたが労働に意義を感じられないとき、あるいは意義を感じていた労働から引退したときに発生します。職業上の労働も家族生活における子育ても、「社会的に必要とされた活動」という点で共通しています。通常、労働は義務的で、手抜きは許されません。対価として獲得する賃金や給料は社会があなたを必要としていることの証明でもあります。家族からの感謝もあなたの働きが重要であることを実感させてくれます。

職業としての仕事でも、家事労働においても、私たちは、頭を使い、身体を使い、気を遣い、心身の機能をフル回転して生活の要求に応えようとします。課題を成功裡にクリアしたときの拍手や、達成感や、機能快は、もちろん、私たちの励みになります。このように多くの場合、「やり甲斐」の原点は、労働の「成果」だったはずです。「成果」に支払われる給料も賃金も、社会が自分を「必要」としたことの証明でした。家族の無事と幸福と感謝は、家事や育児のエネルギーの原点でした。

一方、定年は、社会から要請され、自分を必要とした任務の終了を意味します。子育ても同じです。社会的任務から引退することによって高齢者は、第一部の人生に存在したやり甲斐の対象のほとんどすべてを喪失するのです。世間や仲間の拍手も、仕事の達成感、能力を発揮できたときの機能快も失います。もちろん、もはや労働の成果とは縁がなくなります。

平均寿命が八〇年を越えた人生は、大ざっぱにいえば、定年を境目として、「食うための労働」と、「自分らしく・よりよく生きるための活動」に分かれます。人生は「労働」と「労働以外の活動」からできているのですが、退職や子どもの巣立ちが労働と活動をより明確に分離するのです。それゆえ、定年後に、あるいは子どもの巣立ちの後に、「労働」から「活動」へスムーズに移行できなかった人は、頭を使うことも、身体を使うことも、気を遣うことも一気に激減します。使わない機能は一気に衰え、消滅を辿ることは、「廃用症候群」として医学理論で証明されているところです。もちろん、喪失するのは心身の機能だけではありません。人生の成果も、達成感も、機能快も失うのです。危機への対処法はたった一つしかありません。それは新しい「活動」に参加することです。気に入った活動が身の回りにない場合には、自ら自分のやりたい活動を「発明」するしかありません。このとき、唯一ボランティア活動だけが自分のための活動と他者のための貢献を両立させることができるのです。ボランティアの最大の意義は自分のための活動が他者への貢献に繋がることです。特に、高齢者にとってのボランティアは、心身の機能を活性化し、貢献を通して他者と繋がり、居甲斐もやり甲斐も同時に達成し得る総合的な生き甲斐の条件になるのです。ボランティアこそが「現」に「今」社会の「役割」を果たし続ける真の生涯現役なのです。

3　日本型ボランティアは「世の無用人」を「有用」にする方法です

前述の通り、「世の無用人」とは藤沢周平が喝破した名言です。現代の生活に当てはめれば、労働から離れることは「社会から必要とされない存在」となるという意味です。定年者の多くが「定年うつ病」という、医学的に「生き甲斐喪失症候群」などと呼ばれる病に苦しんでいるのは、まさに生きる目的を失い、自分の存在の意味を自分自身に納得させられない「世の無用人」を実感した時の苦悩なのです。そうした「無用人」を「有用」にすることは原理的に簡単です。「用」を「頼めば」いいのです。個人からみれば、「人のためになること」をやってくれるよう頼むことであり、社会からみれば「必要なこと」を引き受けてもらうことです。それこそがボランティアにほかなりません。ボランティアは個人の「役立ち感」も、社会の側の有用機能も同時に満たすことができるのです。定年後の生き甲斐を維持する結論とは、「生涯現役」を志すことです。「現役」の「現」は「今」、「役」は「役割」または「役目」です。対語は「退役」、中間が「予備役」です。それゆえ、「生涯現役」とは、文字通り、「現に、今も、役割がある」という意味になります。生涯現役の構成要素は、「生涯健康」と「生涯活動」と「社会貢献」です。生き甲斐の条件は「居甲斐」と「やり甲斐」です。居甲斐を満たす条件もやり甲斐を満たす条件も生涯現役の努力の中に存在するのです。

参考資料の中に『元気に百歳―元気が最高のボランティア』という本がありました。*真に百歳までお元気であれば、天晴れ、お見事の限りで、理屈にこだわる必要もないと思いますが、お元気なだけでボランティアになるはずはありません。老いてなお、お「元気」であることは「生涯健康」であっても、生涯現役とは言いません。生涯現役とは、社会の役割を果たし、社会の責任を負い続けることを意味し、生涯ボランティアと同じ意味です。

＊「元気に百歳」クラブ編『元気に百歳』第六号、夢工房、二〇〇五年。

高齢社会は往々にして人々にさまざまな難しい選択を迫ります。健康に生きられるか、自立して生きられるか、依存しなければならないか、感謝されて生きられるか、心ならずも迷惑をかけて生きていかねばならないか、などなどです。すべてが思い通りになるはずはありませんが、少なくともボランティアに巡り逢った人々は、生涯現役として感謝される人生を送ります。巡り逢わなかった人にとって老いは孤独や恐怖に繋がります。世にいうぽっくり寺信仰は、長生きとぽっくりの組み合わせを祈るのですが、今が「元気」であるということだけでは「不安」は拭えません。「ぽっくり」を祈る背景は、人生の最期に他者に迷惑をかけたくないということでしょう。人に迷惑をかけて生きることは多くの人にとって自分の尊厳を傷つけられることだからです。しかし、ぽっくり寺信仰の背景を成す「自分の尊厳」とは消極的なものです。生涯現役が守ろうとしている「尊厳」は、己の老衰と闘って勝ち取る積極的なものです。すでに八五歳の村山孚《まこと》氏は、最後の一瞬まで必要なのは「自立の精神」であると断言しています。氏の「老人自立宣言」*の基本思想は「依存が人間を駄目にする」、「感謝はするが、甘えない」であると言っています。自立も、精進も、日常の処方を実行に移すためには、意志が必要で、負荷が伴い、絶えざる人間交流が不可欠です。高齢者の「生きる力」は、気力と実行力が支えるのです。生涯ボランティアを実行すれば、居甲斐もやり甲斐も見つかります。ボランティアが高齢社会を乗り切る日本の処方箋になるはずです。

＊村山孚『老人自立宣言』草思社、二〇〇五年、二二頁。

高齢期は、友を失い、仕事を失うだけでもさびしいのです。何をおいても老いとは、老衰そのものがさびしいのです。「生きる力」を保持する対処法を実行せず、感謝される日々を生きようとしなければ、老いの試練に耐えられるはずはないのです。ぽっくり寺信仰に祈るだけで老衰の試練に耐えることは難しいのではないでしょうか。

自分流の時代ですから「生涯現役」として貢献の中身はそれぞれの工夫次第で何を選んでもいいのです。とにかく、社会に関わり、役に立つ活動を続けることが唯一の対処法です。生涯ボランティアであろうとする努力こそが、「衰弱と死」に向かって降下する人間の精神を守る闘いであり、生き甲斐の処方なのです。生涯現役の生き方こそが「世の無用人」を「有用」にする方法なのです。

4 日本型ボランティアは「社会を支える構成員」を増加させます

社会は「社会を支えている構成員」と「社会に支えられている構成員」でできています。文明の進化、福祉の充実、豊かになった日本のおかげで人権も平等もほぼ保障されるようになりました。それはすべて社会を支えている構成員の働きがあっての結果です。それゆえ、日本社会が障害や老いにかかわらず、社会に貢献し続ける方々を正当に評価して当然だと考えていますが、現代日本は、ボランティアに対する評価も、老いてなお、社会貢献を続ける生涯現役者に対する評価も不十分です。「社会を支えている構成員」と「社会に支えられている構成員」を区別して然るべきです。特に、定年者の自己本位の安楽な暮らしぶりは本人にとっても、社会にとっても大いに問題です。

労働から離れ、社会との関係を断って、安楽な隠居生活を趣味・娯楽・お稽古事のたぐいで埋めている人々はいくらお元気でも「生涯現役」とはいえません。筆者が、学業にも職業にも関わろうとしないニートのような人々を厳しく批判してきたのも、そのような人々を庇護し続ける家族や社会を批判してきたのも、現実問題として「社会を支える構成員」なしには「社会に支えられる構成員」の生活も成り立たないと考えるからです。社会を支えている人々は、社会から支えてもらっている人の人権も、権利も支えているのです。日本社会は、一方で、平等や人権の原理の制度を充実させましたが、他方では、勤労やボランティアによる社会貢献を十分に評価しているとはいえません。人権とか平等とか人間の存在に関する普遍的・法律上の価値論を持ち出すと、いかなる理由によっても人間のあり方を「評価・区別」してはならないとする見地から「差別」に繋がると批判されがちですが、「社会を支えている構成員」と「社会に支えられている構成員」は明らかに違うのです。前者がいなければ、後者はどうがんばっても存在しようがないからです。「少子化」が問題になるのはやがて近い将来「社会を支える構成員」が減少することを意味します。ボランティアが尊いのは彼らの活動のすべてが他者や社会を支えることに直結するからです。「安楽余生」論が蔓延《はびこ》り、老後は引退して楽しく暮らすのが当然だという風潮に満たされた日本で、〝まだ働け、というのか〞と反発が出るかもしれませんが、日本型ボランティアはそもそも「自分のため」にする「社会貢献」です。「自分のため」とは活動者自らが生き甲斐の創造と絆を形成するためということです。結果的に、日本型ボランティアは「社会を支える構成員」を増加させるのです。

問題は、政治も行政も従来の共同体概念の呪縛から抜け出すことができず、いまだ社会貢献と自分探しが融合した日本型ボランティアの意味と価値を理解していないことです。それゆえ、ボランティア活動を奨励し、社会貢献の事績を顕彰するシステムを創り出せていないのです。

5 日本型ボランティアは選択的人間関係に基づくコミュニティ形成のカギになります

「群衆」または「群集」とは、英語の crowd を意味し、通常、群れ集まった多数の人々を指します。「群集」の特徴は、共通の関心が存するとしても、固定した目的や組織を意識していない集団（広辞苑）です。それに対して「会衆」や「聴衆」とは、一定の会合目的を有して集まった人々を意味します。さらに「同志」や「会員」の目的意識は一層固いものになります。群集は文字通り人々が群れ集まる非組織的な集団ですが、会衆や聴衆はなんらかの共通目的を持って人々が集まる組織的な集団です。「集まる」ことには「集まり方」があり、「出会う」ことには「出会い方」があります。集まり方には、参集、参加、参画、結集などの形態が想定されます。出会い方には、地縁や参加の縁（同じ釜の飯の縁）がある一方、志縁や結社の縁があるのです。「志縁」とは同じ気持ち、同じ目標を持って人生を生きることによって連帯する縁を意味します。「結社の縁」は、共通目標のために団結した組織に所属することから生まれる人間関係のことです。「集まる」だけでも、「出会う」だけでも人が連帯するとは限らず、絆を「結ぶ」ことにならないことは当然です。人間が連帯し、絆を深め、自分が必要とし、また自分を必要とする集団に帰属するためには、共通の動機、目標、理想、感性を基盤とした活動の蓄積が人間の絆を形成する「結合の要因」が不可欠なのです。それゆえ、共通の志がなく、目的や目標が欠如していれば、向上の理想も苦労をともにする活動の蓄積もあり得ないでしょう。

日本型ボランティアは、「さびしい日本人」自身が生き甲斐追求の試行錯誤の末に自ら発見した連帯の方法です。既存の行政区域を超えて、よその町へボランティアとして災害支援に行くなどということは現代の政治や行政に発想できることではなかったのです。町内会型の住民もまた「お上」の指示を待ち、行政に依存することのみを教えられて来ましたから、遠くに出かける日本型ボランティアなどは想像したこともないでしょう。

近年、「コミセン方式」や「新しい公共」という新手のスローガンが踊っていますが、従来の共同体方式を下敷きにしている限り、連帯も絆も緊急時の相互扶助も達成することは難しいでしょう。政治も行政も自らの仕事の限界を悟り、覚醒した市民の支援を得られるよう、NPOやボランティア活動のシステムをつくり、活動に対する費用の弁償ができるように財政的支援体制を整え、「社会貢献者」を顕彰する発想に立つべきなのです。

孤独死一つを考えてみても、そうしたことに関心のある住民の協力なしに、行政のセイフティー・ネットのみで救うことができないことはすでに明らかになりました。逆に、社会貢献に関心のない住民は、自己都合を振り回し、個人情報保護を言い立て、時に、一方的に自己本位の人権を主張します。彼らは、共生の邪魔になりこそすれ、ほとんどまったく頼りにはなりません。既存の自治会や町内会は、まちづくりに関心のある人もない人も含まざるを得ません。町内会役員も子ども会役員もくじ引きの一年交替にならざるを得ないのはそのためです。役員を輪番制にせざるを得ない現状を眼前にして、住民全員に同じようなコミュニティ形成の関心を抱けということの方が無理というものです。

地域サービスを向上させ、活力を取り戻すために、行政はやる気と能力のある人に共助や公助のサービスを委託せざるを得ない時代が来ていますから、ＮＰＯや地域ボランティアに委託契約の条件を呈示して、活動の財政的支援を制度化してお願いすればいいのです。防災や孤独死を防ぐだけでなく、地域の活力を向上させ、志縁に繋がる人々の連帯を深めることは疑いありません。

従来の共同体の暮らしの中では個人の選択は最小限しか許されませんでしたが、今日では、好きか嫌いか、波長が合うか、合わないかが私たちの選択にまかされるようになったのです。隣りの人を知らなくてもいいのです。あいさつはともかく組内の人々との付き合いもあなたの考える範囲でいいのです。時に、気の合う仲好しは町内会の中には存在せず、遠いところにいるかもしれません。仲のいい友達が、線路の向こうにいたとしても、となりの町にいたとしても、現代の交通手段の進歩が居住区域を越えた交流を可能にしてくれたのです。

どのような形であれボランティアやＮＰＯの活動を経験した人にとっては、地縁の要素は大きな意味を持ちません。顔を知ろうが知るまいが、名前を知ろうが知るまいが、ボランティア経験者にとってご近所の緊急時に対処することにためらいはないでしょう。近隣の防災も防犯も、高齢者支援も子育て支援も、一度でも未知の災害状況を身をもって知り救援活動を経験した方々にとっては難しいことではないのです。

政治も行政も町内会に行政サービスの下請けをさせることには熱心でしたが、地元に日本型ボランティアやＮＰＯの「社会貢献」活動のシステムを積極的に導入することは極めて稀でした。具体的にボランティア活動の奨励や顕彰が始まったのはつい最近のことなのです。

筆者の分野である社会教育も同様に無策でした。「さびしい日本人」の多くは、日々の楽しみを求めて「パンとサーカス」を追いかけました。今でも追いかけています。共通の趣味や同一の楽しみ事の参加や見物を通して、一定の交流は生まれますが、軽い付き合いは軽い連帯しか生み出すことはできません。社会教育の趣味・お稽古事・「祭り」に集まる参加者・見物人の多くは「孤独な群集」の変形に過ぎず、「さびしい日本人」が希求した連帯や絆を実現することはできませんでした。多くのプログラムの創造者は、参加者自身ではなく、社会教育や民間カルチャーセンターのごく一部の「プログラム請負人」でした。公民館などに比べれば、いくらか専門的で、高負担のカルチャーセンター・プログラムでさえ、生み出したのは、連帯でも自己実現でもなく、多くの「カルチャー難民」であったことはすでに証明済みのことでした。「生涯学習」を標榜した頃から、日本の社会教育は「ご馳走をつくる人たち」と「ご馳走を食べるだけの招待客」とがほぼ完全に分離したのです。カルチャーセンターの隆盛やイベントを請け負う商業主義がそうした傾向を加速したことも疑いありません。

他者の提供する「パンとサーカス」の安楽プログラムに依存し、「ご馳走を食べるだけの招待客」と化した「孤独な群集」は自身の心を支える「生き甲斐」を創り出し、他者との連帯や絆を生み出すことなどできるはずはなかったのです。中根千枝氏が夙に指摘した通り、「経験の共有」は、「同じ釜の飯」を意味しますから、「パンとサーカス」もまた共有すれば、日本人の交友を確かに促進します。しかし、その場合「経験」の中身の濃さ、すなわち人々の努力や負荷の度合いが問われることは言うまでもありません。努力にも負荷にも関係のない祭りの見物人が人生の連帯を果たせるはずはなく、趣味や楽しみ事を共有したところで人生の試練をくぐり抜ける「戦友」になれるわけはないのです。自らが表現者となり実践者となり、企画者とならない限り、他者との連帯も絆も形成は困難なのです。

6　日本型ボランティアは究極の生涯現役の方法です

日本型ボランティアの心理的背景は「さびしさ」と「やり甲斐の喪失」です。生き甲斐追求の方法としてボランティアを選んだ時から、「やさしさ」の表現法は多様な「社会貢献」になりました。この方法は成功しました。どの分野の活動であれ「社会貢献」は当然人々に歓迎され、感謝の対象となり、対人関係において「やさしさ」は人間相互を結びつける力を生み出しました。他者のための活動は、時に、仕事に代わる「やり甲斐」も生み出しました。カタカナで書かれ続けたボランティアはもともと異文化の発想です。その特性は、「信仰に根ざした行為」であり、「主体的な行為」であり、「隣人愛」に帰着する行為であることを意味し、また社会的に承認が得られる「歓迎さるべき行為」であり、多くの人々に「感謝される行為」です。欧米型の元祖ボランティアと日本型ボランティアの相違点は、前者が「信仰上の信条に根ざした行為」から出発しているのに対し、後者は「自らの感性に根ざした行為」として展開しているところです。日本型ボランティアは、共同体を離れ、労働の「やり甲斐」を見失ったあと、生き甲斐を探求し、絆を形成しようとした「さびしい日本人」にとって、自他ともに最も納得可能で、社会の賛同を得やすい方法だったのです。「社会貢献」の実践は、世間の承認を得て生き甲斐の「核」となり、結果的に「さびしい日本人」を「やさしい日本人」に変えていったのです。だから、日本型ボランティアが実践する「やさしさ」は、純粋な「他者への奉仕」とは異なります。また、従来の共同体に存在した相互扶助の「やさしさ」とも別種のものです。日本型ボランティアは明らかに「自分のため」の活動を主目的にしているからです。共同体の「やさしさ」は集団の共益保護のためのやさしさでした。日本型ボランティアの「やさしさ」は、「個別の人間」が「社会貢献」の実践を通して「生き甲斐」と「絆」を求めたがゆえに生み出された「やさしさ」です。

日本型ボランティアを定着させることによって、結果的に、私たちは人間個人の「やさしさ」を生み出しつつあるのです。それゆえ、日本人はかつての共同体に存在した集団的「やさしさ」に戻ったわけではありません。日本型ボランティアによって「やさしい日本人」が集団的に「再生」したのでもありません。「やさしい日本人」は、社会貢献活動を実践する個々人の人生に「新生」したのです。それゆえ、日本型ボランティアは、「新しい生き方」とか「もう一つの生き方」とか呼ばれているのだと思います。

あとがき――冒険を承知で

本書は、「ボランティア」がなぜカタカナの外来語のままに使われ続けるのか、というところにこだわって分析をしました。「さびしい日本人」とか、「日本型ボランティア」とか、最終的に「やさしい日本人」まで、個別の例外が山ほどあることを承知の上であえてM・ウェーバーの「理想型」に倣って概念化に挑戦しました。ボランティア個々人が活動に関わる意識のあり方はそれぞれ違うだろうと思いながらも、「自分のためのボランティア」という書名にしたのは最大の冒険でした。特定一部の日本人の特性を突出させてひとくくりにしたことに大いに不安はありますが、「さびしさ」も「やさしさ」も「自分のため」も、日本型ボランティアが持つさまざまな性格の中で最も重要な特徴であると考えました。もちろん、お叱りやご批判を承知の上で出した冒険的な結論です。

筆者が最も注目したのは「ボランティア学習」と「実践」のギャップでした。生涯教育‐生涯学習が登場した意味とその後のシステム化の過程を研究してきた中で、ボランティア学習が盛んになれば、学習成果がそのまま「実践」に繋がるかのような議論にはまったく納得できませんでした。百のボランティア学習が一つか二つのボランティア実践にしか結びつかないことは自分のフィールドで見てきたことだからです。日本型ボランティアが活動者の生涯学習の契機に成り得ることはあっても、逆に、生涯学習が日本型ボランティアに転化していくことはほとんど起こらないというのが筆者の結論です。座学の社会教育研修を実践に繋げるという試みがほぼ全滅であることは、社会教育の担当者ならば十分にわかっているはずのことです。生涯学習プログラムがパチンコ屋さんにとうてい敵わないように、日本型ボランティアを担う層は「パンとサーカス」を享受することのみに終始する人々の数にはとうてい追いつかないのです。町内会の活動を見ても、まちづくり課の事業を見ても、公民館の現場を見ても、日本型ボランティアの実践者と生涯学習プログラムの「客」が異なった種類の人々であることは一目瞭然です。それゆえ、社会教育のアンケート調査にあらわれるボランティア人口の数字は、各種町内会の奉仕事業の参加者など似て非なるものをすべて網羅したまったく当てにならない数字だと思っています。いくつかの資料が紹介しているような巨大な日本型ボランティアの人口が真に育っているのであれば、日本社会はもっと上質で暖かく、遥かに住みやすいものになっているはずだからです。

どのようなスローガンを掲げたにせよ、学習者を主役にし、学習者がやりたいことをやりたいようにやるという原理に立った現行の生涯学習は、生涯現役にも日本型ボランティアにも自然転移することはない、ということが筆者の生涯学習研究の結論です。事、ボランティアに関する限り、生涯学習は実践にほど遠い〝口舌の徒〟に堕しています。学んでから実践するという生涯学習の思い込みを修正し、よく学ぶためにこそ社会参画の実践から始めることが重要なのです。

しかし、近年、自由を得た「さびしい日本人」が自立と生き甲斐追求の自己責任に追いつめられた分、日本のボランティアが増加しているという傾向はその通りでしょう。生涯現役も、日本型ボランティアも高齢社会がもたらす危機対処法ですから、高齢化の進展とともに確実に定着しつつあるのです。本書は既存の多くのボランティア論や生涯現役の発想とは異なった見方をしています。文中「生涯現役」と「生涯健康」は別のものであり、安楽余生の趣味生活も「生涯活動」ではあっても「生涯現役」ではない、と論じました。生涯現役は、畢竟、生涯ボランティアの別名だからです。また、「日本型ボランティア」は、従来の「奉仕」活動に訣別し、世のため、人のためよりは「自分のため」を優先する社会貢献の方法であると論じました。当然、日本型ボランティアの「やさしさ」は、失った共同体の温もりの「再生」ではないとも論じました。日本社会は集団の共同主義から個人のネットワーク社会に変わっているからです。生涯現役も「日本型ボランティア」も歴史が浅く、まだまだ少数派ですが、「日本型ボランティア」はNPOと合体して急速に仲間を広げ、日々増殖しています。「日本型ボランティア」以外に、個人が自由と連帯を同時に実現する術はなく、日本社会が高齢化を乗り切る方法はないと多くの人が気づき始めているからです。筆者が三〇年近く関わってきた「中国・四国・九州地区生涯学習実践研究会」における発表事例も、今では三分の一がNPO・ボランティアの活動実践の報告に変わりました。

本書の結論は、「さびしい日本人」は、「日本型ボランティア」を通して「やさしい日本人」に変わりつつあるということです。本書は「背景」と「目的」と「機能」に分析を集中し、活動の具体的方法や注意事項についてはすべて省略しました。「始め方」、「進め方」についてはたくさんの参考資料が出ていますのでそちらを参照していただければ幸いです。繰り返しますが、ボランティアは、学習と理解が先ではありません。社会参画に踏み出してみることが先決です。何からでも、どこからでも他者のための実践を始めてみることが次の学習に繋がるのです。ボランティアを学ぶということは、甲斐ある人生を生きたいという自分自身の強い願望が先決なのです。

執筆の最後は駆け足になりました。資料の点検は大丈夫か、分析の論理に偏りはないか、比較の仕方に無理はないか、説明の順序はわかりやすいかなど何度も原稿は行きつ戻りつしました。

テレビが有名人の訃報を伝えるたびに、亡くなった方の年齢が自分に近くなり、年齢上の締め切りに背中を押されて急ぎ足になりました。後がないと思えば、気が急き、自信がなくなり、臆病になります。複数の章の原稿を自分が配信している月刊生涯学習通信「風の便り」の記事にしてみました。何人かの読者から反応があり、その感想や評価に励まされてようやく出版社に提出する決心をしました。最後はいつも「見る前に跳べ」です。今回も学文社の三原多津夫氏の最終点検を受けます。極端にバランスを欠く論理になっていないか、傍証の資料は十分か、礼を失する表現を使っていないかなどです。いつものことながら優れた編集者の指摘には常に驚かされることが多く、感謝に堪えません。

幸いなことに、社会教育の分野は筆者にとっては現場評価の舞台です。自著の分析を公民館や市民センターの各種講座で聴衆のみなさんに提案することで自分の論理や分析の手法の適否を試すことができます。講座に呼んでいただく以上、企画を担当する社会教育職員の評価に耐え得るものでなければなりません。筆者は過去五年、『子育て支援の方法と少年教育の原点』⇩『The Active Senior：これからの人生』⇩『しつけの回復　教えることの復権』⇩『「変わってしまった女」と「変わりたくない男」』⇩『安楽余生やめますか、それとも人間やめますか』（いずれも学文社）と書き進めて来ました。今までのところ現場での「実践」と「臨床検証」は順調です。現場の納得をいただき、励ましを得て、執筆と平行して、老いの日の講演・講義・演習・実習指導を続けています。それが筆者のエネルギーの源泉です。今回もまた現場検証を受けることになりますが、受講生の反応を楽しみにしています。末筆ながら、今回の上梓にあたって議論に付き合ってくださった「生涯学習フォーラムin福岡」の友人諸氏、フォーラム会場の提供を続けてくださってきた福岡県立社会教育総合センターのみなさんに紙上を借りて感謝申し上げます。

二〇一〇年六月一四日

三浦　清一郎

《著者紹介》

三浦　清一郎（みうら　せいいちろう）

米国西ヴァージニア大学助教授，国立社会教育研修所，文部省を経て福岡教育大学教授，この間フルブライト交換教授としてシラキューズ大学，北カロライナ州立大学客員教授。平成３年福原学園常務理事，九州女子大学・九州共立大学副学長。平成12年三浦清一郎事務所を設立。生涯学習・社会システム研究者として自治体・学校などの顧問を勤めるかたわら生涯学習通信「風の便り」編集長として教育・社会評論を展開している（http://www.anotherway.jp/tayori/）。大学を離れた後は，生涯学習現場の研究に集中し，『市民の参画と地域活力の創造』（学文社），『子育て支援の方法と少年教育の原点』（同），『The Active Senior：これからの人生』（同），『しつけの回復　教えることの復権』（同），『「変わってしまった女」と「変わりたくない男」』（同），『安楽余生やめますか，それとも人間やめますか』（同）など毎年１冊の出版ペースで研究成果を世に問うている。中・四国・九州地区生涯学習実践研究交流会実行委員。

自分のためのボランティア

——居場所ありますか，必要とされて生きていますか

2010年10月20日　第１版第１刷発行

著　者　三浦　清一郎

発行者　田　中　千津子

発行所　株式会社　学　文　社

〒153-0064 東京都目黒区下目黒3-6-1
電話　03（3715）1501 ㈹
FAX　03（3715）2012
http://www.gakubunsha.com

乱丁・落丁の場合は本社でお取替します。
定価は売上カード，カバーに表示。

印刷／シナノ印刷
製本／島 崎 製 本

ISBN 978-4-7620-2110-7

三浦清一郎著

子育て支援の方法と少年教育の原点

四六判　192頁　定価 1890円

日本社会の伝統的子育てのあり方や少年教育思想史を踏まえつつ，子育て支援・少年教育の原点を見つめなおし，バランスのとれた教育実践の方向性を提示していく。

1509-0 C0037

三浦清一郎著

THE ACTIVE SENIOR：これからの人生

―熟年の危機と「安楽余生」論の落とし穴―

四六判　160頁　定価 1575円

定年は，「活動からの引退」ではない。「前を向いて生き」，「社会と関わって生きる」ことが，老後の幸福の条件である。「読み・書き・体操・ボランティア」で，自分を鍛え，社会に貢献する人生を提唱。

1680-6 C0037

三浦清一郎著

しつけの回復 教えることの復権

―「教育公害」を予防する―

四六判　176頁　定価 1680円

戦後教育がなぜ失敗してきたのかを解明しつつ，戦後の家庭・学校教育における「子ども観」と「指導法」，特に「幼少年期」のしつけと教育法に焦点を絞って解説してゆく。

1800-8 C0037

三浦清一郎著

「変わってしまった女」と「変わりたくない男」

――男女共同参画ノート――

四六判　176頁　定価 1680円

女性はすでにさまざまな生活領域で考え方・生き方も変えてしまったが，多くの男性はそれらの優位な状況を変えたくない。男女の「対立点」「問題点」「衝突の現場」を社会教育的観点から論じる。

1949-4 C0037

三浦清一郎著

安楽余生やめますか、それとも人間やめますか

――生涯現役の方法――

四六判　164頁　定価 1680円

人生80年時代の老後に，「人間」としての精神を維持しながら第二の人生を豊かな「収穫期」とするために，いかに「衰弱との戦い」に主体的に立ち向かうことができるかを問う生涯現役のすすめ。

2010-0 C0037

三浦清一郎編著

市民の参画と地域活力の創造

―生涯学習立国論―

A 5 判　224頁　定価 2100円

子育て支援，自然・生活体験活動，高齢者社会参加支援活動等，生涯学習の文脈におけるさまざまな地域市民活動の最新事例を紹介。市民参画型生涯学習，地域市民活動がもつ新たな可能性を提示。

1561-8 C0037

鈴木眞理著

ボランティア活動と集団

――生涯学習・社会教育論的探求――

A 5 判　320頁　定価 2625円

生涯学習・社会教育の領域においてボランティア活動・集団活動の支援はどのようになされているのか，その課題はどのようなものであるか等を，原理的なレベルから掘り起こし，総合的に検討する。

1282-2 C3037

瀬沼克彰著

シニア余暇事業の展開

四六判　276頁　定価 2625円

余暇参画が活発になっているシニア層は，新しい時代のレジャークラス（余暇階級）であり，そのシニアが社会や地域で活躍することで，これからの日本の余暇事業を展開し活性化することを提案する。

1878-7 C3337